Matthias Stührwoldt wurde 1968 geboren und lebt im schleswig-holsteinischen Stolpe, wo er heute einen Biohof bewirtschaftet. Nach Abschluss der Schule hat er Landwirtschaft gelernt, Zivildienst geleistet und eine Ausbildung zum Erzieher absolviert. Danach besuchte er die Landwirtschafts- und die Höhere Landbauschule. 1998 übernahm Matthias Stührwoldt den elterlichen Hof. Er ist verheiratet und Vater von fünf Kindern.
Seit 1993 schreibt er mit unerschütterlichem Humor Geschichten und Kolumnen über das Landleben. 2003 erschien sein erstes Buch „Verliebt Trecker fahren" mit hochdeutschen Geschichten, dem inzwischen einige weitere gefolgt sind. Seit 2010 ist Matthias Stührwoldt Autor und Sprecher der NDR-Sendereihe „Hör mal'n beten to". Im Quickborn-Verlag sind seither mehrere Bücher mit plattdeutschen Geschichten und Erzählungen erschienen, auch gibt es einige Hörbücher mit Live-Mitschnitten seiner überaus beliebten Lesungen!

Matthias Stührwoldt

De gröne Dumen...
för Unkruut

Quickborn-Verlag

Die plattdeutsche Schreibweise des Autors
ist unverändert übernommen worden.

ISBN 978-3-87651-512-0

Umschlagfoto: Achim Schnoor
Umschlaggestaltung: Günter Pump, Nordhastedt
Gesamtherstellung: CPI books GmbH, Leck
Der Umwelt zuliebe
auf chlorfrei gebleichtem Papier gedruckt
Printed in Germany

Inhalt

Bi`n Goldschmitt

As mien Fru un ik heirat hebbt, weern wi jung un arm. Wiel ut den Kaugummiautomaten ümmer blots Kaugummis un keen Ringe kemen, sünd wi dormols hin nah`n Juwelier un hebbt de billigsten Wittgold-Ringe nohmen, de wi kriegen kunnen, för 350 Mark, ganz eenfach un schlicht. Se segen ut as Dichtungsringe ut den Sanitärfachhandel, un ümmer, wenn bi mi op den Hoff mol en Waterleitung kaputt weer, heff ik mi vörstellt, wo ik den Klempner hölpen kunn: Hest du noch en Dichtungsring för den Waterhahn? Joo, tööv mol, ümmer dorbi, ik treck mi em gau af!

Wobi, mit dat Aftrecken weer dat ümmer gor nich so eenfach. Schienbor is siet uns Hochtiet nich blots mien Buuk dicker worrn, sünnern ok mien Ringfinger. Eenmol in`t Johr mutt ik ut Vörsorge dörch de Röhre, MRT, un vörher mutt de Ring af. Mann, wat bün ik ümmer an`t Schweten, aver mit Spucke un Melkerfett heff ik dat ümmer noch trecht kregen. Un den leeg ik dor op den Disch in de Röhre un heff mi nackig föhlt, wiel ik doch den Ring nich üm harr.

Al to Sülverhochtiet harrn Birte un ik överleggt, uns niede Ringe moken to laten. De olen wullen wi in de nieden inarbeiden laten, so harrn wi uns dat vörstellt, aver över Johren is dor nix nah komen. Ümmer, wenn wi jüst op Sofa seten un doröver schnacken, keem tofällig keen Goldschnitt vörbi. Komisch.

Nu sünd wi 33 Johren verheirat, un köttens stünnen wi mit eenmol vör en Juwelierloden un sünd dor eenfach ringahn, hebbt uns Ringe afpuult, op den Disch leggt un de nette Fru achtern Tresen fraagt, wat se uns niede Ringe moken kunn. Se hett jo seggt, un denn hebbt wi dat ganz in Rooh beschnackt. Wi vertellen vun uns Hochtiet un worüm Birte bit hüüt seggt, dat weer de schlimmste Dag in ehr Leven, un dorbi holen wi uns Hannen un sünd jichtenswo ganz andächtig worrn. Mien Fru kreeg mit mol son weeken Blick, un ik dach, villich fangt se nu an to blarren, wobi doch ik

eegentlich de sentimentale in uns Ehe bün. Aver denn kregen wi uns beide wedder in un hebbt uns niede Ringe bestellt. De olen hebbt wi glieks dor laten.
Dree Wochen schull dat duern, dree Wochen ohne Ring. Ik weer een beten bang dovör; mien Ringfinger föhl sik forts nackig an, un de witte Striepen, de dor bleev, wo sünst de Ring weer, schien to bölken: Finger weg! Düsse Kerl is verheiraat!
Ut dree Wochen sünd an`t End söss worrn. Aver nu sünd se dor, de nieden Ringe. Passt un seht richtig goot ut. Gor nich mehr nah Dichtungsring. Man ik weet: Dor sünd welk bin, jeweils een. Zöllig bi mi. Halfzöllig bi Birte.

Madison, Wisconsin

Eenmol in mien Leven bün ik in de USA west, tosomen mit Birte, mien Fru, för acht Daag, eegentlich veel to kort, aver ik harr al den Hoff övernohmen un wi harrn fief Kinner, de ölltste Deern weer negen, de jüngste Söhn jüst een Johr. Mehr as een Woch vun Tohuus weg güng eenfach nich. Mien besten Fründ Dieter hett mien Öllern op den Hoff holpen, un mien Schwegermudder hett bi uns in`t Huus de Gören versorgt. Un Birte un ik weern to een Hochtiet inlaadt, in de USA, in Madison, Wisconsin. Unsen Fründ Baude weer dorhin utwannert un wull Janice heiraden, een Fru vun dor.

Erst heff ik dacht, dat geiht nich, unmöglich, wi köönt dor nich hin, de Hoff, de Gören, dat geiht nich, aver denn fungen wi an to planen, un dat güng doch. Un so seten wi een goden Dag in den Fleger nah Chicago. Erstmol alleen, blots wi beiden, aver al in Chicago op

den Flughaven drepen wi anner Frünnen vun Baude un Janice, un de beiden hebbt uns dor afhoolt, mit twee Autos. Denn mössen wi noch rund 300 Kilometer föhren. Ik weet noch, dat weer Anfang Juli, un de Hitten vun den nordamerikanischen Hochsommer dreep uns as een Hammer twüschen de Ogen. Erst büst du in Flughaven, allens is klimatiseert, du freerst meist in, un denn geiht de letzte Glasdöör op, un ratzfatz is dien Bregen goor. Dor musst du di erstmol an gewöhnen.
Vun all de Frünnen, de ut Dütschland inflogen weern, sünd Birte un ik de eenzigen west, de al verheiraat weern. All de annern schullen in`t Souterrain schlopen – een groten Ruum, aver angenehm köhl – för uns weer de Gästestuuv dacht, in`t Hochparterre. Amerikanischet Holthuus, nich isoleert. Wi hebbt dat versöcht. Wi kunnen nich schlopen. To hitt. Al in de tweete Nacht weern wi ok in`t Souterrain, in`t Gemeenschappslager. Wi hebbt dat goot hatt, tosomen. Wi hebbt de Amis wiest, wat een örntligen Pulteravend is, wi kregen originol Ami-Barbecue, un bi de Truung in de witte Holtkark hebbt wi schweet

as de Düwel. Op den Karkhoff legen veele Lüüd mit dütsche Nomens, Haberland un Hansen un Petersen, un achteran in Kroog geev dat Prosecco ut Plastikglöös. De spinnt, de Amis. Klock söven mössen wi rut ut den Sool; Klock acht weer de nächste Gesellschapp an de Tour, dat junge Glück schleep in`t Hotel, un wi stünnen op de Straat as bestellt un nich afhoolt. Sünd denn erst dörch een poor Kneipen trocken un later nackig schwimmen west, Lake Wingra, merden in de Stadt, aver dat is een anner Geschicht.
Wat ik eegentlich vertellen wull – Birte un ik, wi weern blootjung, as wi 1990 tosomen kemen. Ik weer 22 un se 19, as wi uns dat erste Mol küsst hebbt, un as wi 1991 heiraaden, weer se 21 un ik 23. Denn kemen bald de ersten Gören, Marie 1993 un de Tweeschens Nora un Peer 1995 achteran. Carla 1998 un Jon 2001, un de Familie weer komplett. As wi 2002 nah Amerika flogen sünd, weern wi siet negen Johren Öllern vun lütte Kinner; fast teihn Johren harrn wi mit de Zucht to doon, un twüschendörch hebbt wi noch unse Utbillen fardig mookt un ik heff

den Hoff övernohmen. Toletzt heff ik mi af un to föhlt, as wenn ik in een Kinnerheim mit een anschloten Landwirtschapp anstellt weer. Birte un ik, wi weern een allerbest inspeeltet Görenbegöscherteam, aver weer dor noch mehr? As wi nu in de USA flogen sünd, weer dat dat erste Mol siet Johren, dat wi ohn Kinner un ohn Kööh Tiet föreenanner harrn. Ik weer vörher een beten bang, wiel ik dach, villich stellt wi nu fast, dat wi gor nix mehr miteenanner anfangen köönt. Un de meiste Tiet weern wi ok in Madison nich alleen, dor weern de Frünnen un dat Hochtietspoor.

Aver een goden Dag sünd wi in de Stadt gahn, nah Downtown Madison, an een hitten, schwülen Dag. Hand in Hand lepen wi dörch de Straten, harrn Tiet föreenanner, ton Schnacken un ton Bummeln. Un tatsächlich weer dat wunnerschön. Wi kunnen över desülvigen Saken lachen, un as jung verleevte Lüüd leten wi uns dörch de Stadt drieven. Un dat kunn man wörtlich nehmen; denn mit een Mol wörr dat duster. Duer nich lang, un een heftigen Sommerregen keem rünner. Aver dat Water weer warm. Birte un ik stünnen Hand in Hand op de Straat, bumms, weern wi natt, un dat weer to laat ton Ünnerstellen. Also leten wi uns begeten, se un ik, keken uns in de Ogen un hebbt weten: Dat geiht goot. Wi höört tosomen. Un ik kunn nich anners – ik wünsch mi, dat Birte dat witte Spitzenkleed, dat ik ehr jüst köfft harr un in dat se so supersexy utsegh, glieks anbeholen harr. Harr se aver nich.

Dat weer 2002. Dormols weern wi rund ölben Johren verheiraat. Hüüt sünd dat dreeundörtig. Baude un Janice sünd lang wedder scheedt. Aver wi sünd noch tosomen. Dat is goot so, un een Glück.

Dat Gras op de anner Siet

Fraag de Kööh, de weet dat: Dat Gras op de anner Siet vun Draht schmeckt ümmer beter. Ik entsinn mi, dat is villich dörtig Johren her, dor heff ik mol merden in de Nacht een Tramper mitnohmen. He höös Jens un keem ut Dänemark. He stünn an de Affohrt vun de Autobahn un wull nah Lübeck, sik een Segelboot ankieken. Afsehn vun een Schloopsack un twee Kääsbroote harr he nix dorbi. Wi kemen in`t Schnacken, un ik heff em anboden, bi uns to schlopen. Wat he annohmen hett. So seten wi noch een beten tosomen, hebbt een poor Beer drunken un sünd Frünnen worrn. Annern Morgen heff ik em mien Adress geven. He wull mi een Kort schrieven, vun ünnerwegens. As he vun Hoff güng, heff ik em mit een beten Fernweh in`t Hart achteran keken. He weer so frie, so frie, un ik harr mien Familie, mien Hoff, mien Kööh. Dat Gegendeel vun frie.

Een poor Wochen later kreeg ik een Postkort vun em, ut Danzig. Dat Boot weer nix, schreev he, aver he harr Lüüd dropen, mit de he nah Polen segelt is. Mi geiht dat goot, schreev he, mit den Wind üm de Nees. Un ik seet dor in`t Huus an Kökendisch un denk mi nah em hin, in de wiede Welt.
Ik heff noch öfter Korten vun em kregen, vun överall un nirgens. Antern kunn ik nich; ik harr keen Adress vun em. De letzte Kort, de bi mi ankeem, weer anners. Ik heff dat so satt, ümmer ünnerwegens to ween, schreev he. Ik weet nich, wo ik hin gehör. Du hest dat goot, mit dien Familie, dien Hoff un dien Kööh. Du hest Wöddeln, du hest dien Platz, un mi weiht de Wind ümmer weg, un ik krieg nix tofaten, ik krieg nirgens Holfast.
Süh, so is dat. De, de frie is, will Wöddeln, un de, de Wöddeln hett, will frie ween. Fraag de Kööh, de weet dat: Dat Gras op de anner Siet vun Draht schmeckt ümmer beter.

De gröne Dumen

Ik bün jo Buer. Un dat jo ok nich eenfach so. Nee, ik heff Landwirtschapp lehrt, bün to Landwirtschappsschool un to Höla west und harr dor allerbeste Tüügnisse. Man kunn also denken, dat ik een besünnere Beziehung to Planten heff, joo, man kunn denken, bi mi wasst de Planten quasi von alleen. Man kunn denken, ik heff een grönen Dumen.

Heff ik aver nich. Överhaupt nich. Also gor nich, üm ehrlich to ween.

Nu bün ik jo ok keen Ackerbuer. Nee, ik bün Melkbuer. Ik heff Kööh. Un jo, ik bün bestimmt nich de beste Melkbuer wiet un breed, aver ik bill mi in, ik heff dor een beten Ahnung vun. Un ik heff een Geföhl för Kööh. Ik verstah, wo se sünd un worüm se so sünd. Un af un to stah ik op de Koppel twüschen mien Kööh un föhl mi dor so wohl un ehr so neeg, dat ik kort dorvör bün, dat Wedderkauen antofangen. Mit anner Wöör: Ik bün een Kohminsch. Definitiv.

Aver Planten? Gah mi af. Dat Problem is: Ik heff jo nich blots Kööh un bün för de tostännig. Nee, jede Kohbuer hett ja ok Koppeln. Koppeln, op de de Kööh freet. Koppeln, op de Winterfudder för Kööh wassen deiht. Koppeln mit Planten.

Dat is dat is dat Drama.

Ik heff allens versöcht. Ik kann dat nich. Wenn ik eene Frucht anbuen will, kann ik teemlich seker ween, dat genau düsse Frucht dor nich wassen deiht. Ofschonst dat Land plöögt un eggt un goot vörbereit is un ik de Saat dor utbröcht heff. Ik weet noch as hüüt, wo dat ton Bispeel weer, as ik eenmol in mien Leven versöcht heff, Söötlupinen antobuen. Söötlupinen, goodet Eiwittfudder för mien Kööh, heff ik dacht. Kann ik döschen, mahlen, un achteran kriegt mien Kööh dat as Schrot, as Kraftfudder, dormit se örntlich Melk geevt.

Sowiet de Plan. Ik heff plöögt, den Acker vörbereit, dat Saatbett weer fardig. Denn heff ik töövt un dat Unkruut kiemen laten. As de Acker anfung, gröön to schienen, vun dat lütte Unkruut, heff ik em nochmol dörchreten. So kann de Biobuer wat gegen Unkruut doon – he kann jo achteran nich sprütten. Also weer de Acker wedder schwatt. Nu keem ik mit de Drillmaschien un heff de Lupinen utseit. Vörher harr ik de Saat impft mit de passenden Bakterien; denn Lupinen sünd Leguminosen. De leevt an de Wöddel in Symbiose mit Bakterien, de för de Plant den Atmosphärenstickstoff ut de Luft hoolt un so de Plant mit Dünger versorgt. An allens harr ik dacht, un nu heff ik töövt, dat de Lupinen wassen schullen.

Eene Woch later sünd se oplopen. Se stünnen in de Reeg, as sik dat hört, un as een stolten Ackerbuer stünn ik blangenbi un heff mi freut.

Nah twee Wochen stünnen se ümmer noch in de Reeg, man twüschen de Reegen weer Unkruut wussen. Aver noch kunn man de Lupinen sehen.

Nah dree Wochen weer dat Unkruut höger as de Lupinen. Ik harr dat Geföhl, de Lupinen keken mi beleidigt an. Mit Konkurrenz vun Unkruut weern se schienbor nich inverstahn.

Nah veer Wochen weern dor keen Lupinen mehr. Ik heff den Acker afsöcht. Gründlich.

Keen Lupinen. Se weern weg. Utwannert. Hebbt villich Asyl söcht bi een örntlichen Ackerbuern, wat weet ik. Dat Unkruut weer gröön un groot un wucher överall op dat Feld. Tosomen mit mien Vadder stünn ik merden in den Acker, un Vadder schüttkopp un sä: Dat möss man eegentlich doot sprütten! Vadder, sä ik, dat geiht nich, ik bün Biobuer! Denn kannst di blots noch ophingen, sä Vadder dor. Wat ik aver nich mookt heff.

Is jo aver nich so, dat bi mi gor nix wassen deit. Nee, blots dat, wat ik op den Acker eegentlich hebben will, wasst in de Regel nich so goot. Allens annere gedeiht prächtig.

Süh, un dat is de Lösung. Ik bruuk Fudder för mien Kööh, dat ik inföhren kann, as Silo oder as Heu. Gifft een poor Planten, de möögt de Kööh nich, aver normolerwies künnt se so goot as allens verwerten un dor Fleesch un Melk ut moken. Mien Strategie is nu also: Ik nehm mi ernsthaft vör, jichtenswat antobuen. Vun düsse Frucht kann ik seker ween, dat se denn dor nich wasst. Aver all dat annere, wat dor denn wuchert, is mi hartlich willkomen un warrt as Kohfudder inföhrt. Unkruut is Veelfalt; Unkruut is Multikulti; Unkruut is de Lösung. Jedenfalls för mi. Ik heff mit dat Unkruut mien Freeden mookt.

Un so sitt ik nu af un to op mien Koppeln twüschen all de Hunnenblomen un de Disteln un de Wicken un den Klever un all den annern Kroom, vun den ik nich weet, wo he heeten deit. Üm mi rüm brummt de Insekten hin un her un her un hin un bestäubt un befruchtet, as wenn dat keen Morgen geev. Överall blöht un wuchert dat. Nix steiht in de Reeg, aver dat is gröön un rot un blau un geel; dat is bunt un schient in all de Farven. Un ik weet: Ik heff den grönen Dumen. För Unkruut, blots för Unkruut. Nich för Weeten. Nich för Roggen, nich för Gassen, nich för Raps oder Haver oder Mais, un al gor nich för Lupinen. Aver för Unkruut.

Jichtenswat kann jeder, seggt mien Fru ümmer. Un süh: Wenn ik eens kann, denn is dat Unkruut; dor bün ik mi seker.

Een lehrt nich ut

Bither heff ik ümmer dacht, as Buer kümmst du mit een poor eenfache Regeln goot dörch dat Leven.

Pischer nich gegen den Stromdraht. Loop nich över dat Gras, dat in Güllepott wassen deit. Meih nich för Heu, wenn dat regen schall. Wasch di af un to, ok dor, wo dat nich jedeen süht. Piescher nich gegen den Wind. Nehm den Druck weg, wenn de Güllewagen achtern verstoppt is un du wist dat frie pucken. Eet nich blots Fleesch; gelegentlich is een Wust ok okay. Denk an de Buernhoffkatten un de Inzucht; heiraat nüms ut dien Heimatdörp; ut Naverdörp ok nich; Minimum teihn Kilometer weg; beter is föfftig. Föhr nich mit den Trecker dörch dat Lock, in dat du di vergangen Johr all fastföhrt hest. Melk keen Koh, de blots eenen Titt hett; denn dat is een Bull. Pischer blots denn in Goorn, wenn du seker büst, dat dien Fru di nich süht. Nöhm dien

Köter Blacky, ok wenn he nich schwatt is. Drink dien Kaffee mit örntlich Melk un dien Kööm ok mol ohne Cola. Piescher in Goorn nich ümmer op densülvigen Placken; denn verbrennt dat Gras un dien Fru kriggt rut, dat du in Goorn piescherst, ok wenn se di nich inflagranti erwischen deit. Kööp di den gröttsten Fendt, ok wenn du di em nich leisten kannst. Wasch di de Hannen, wenigstens eenmol an Dag.
Regeln vun de Art. Weet ehr butenkops un handel dornah, un allens is goot. Heff ik dacht. Wat ik nu aver fast stellt heff: Een lehrt nich ut, nee, ok wenn du so oolt un erfohren büst as ik, kannst du ümmer noch wat Niedet lehren. So as ik nülichs.
Ok een eenfache Regel, eegentlich. Komisch, dat ik de noch nich afspiekert harr. Heel simpel. Se heet: Gah bit Kööh to melken vun de Weid holen nich direktemang achter een Koh, de Dünnschiss hett. Un Husten.
Check. Heff ik registreert. Warr ik nie nich mehr vergeten. Dat kannst mi glöven.

En Platz ton Schlopen

Nülichs avends, ik weer jüst fardig mit Melken un grad dorbi, dat Fudder in Kohstall nochmol rantoschmieten, dor stünnen mit Mol twee junge Fruuns in Wandergesellenkluft op den Hoff. Se weern op den Weg vun een Busteed bi Kiel nah Lübeck, wo se de Mudder vun een annern Wandergesell besöken un sik mit Marzipan indecken wullen. Se söken keen Arbeit, blots een Platz ton Schlopen. De een weer Discherin, de harr in Thüringen mol een Optritt vun mi sehn, de anner harr Landwirtschapp lehrt un mol een Book vun mi lest. Nu wullen se mol kieken, wat ik würklich Buer weer un wat ik een Bett för ehr harr.
Nu, ik harr een Optritt un möss los, aver vörher wies ik ehr gau noch de twee Sofas in den Partyruum. Dor kunnen se sik för de Nacht inrichten, un annern Morgen kunnen wi tosomen Fröhstück eeten. Se weern fein dormit, un later hett mien Söhn Peer ehr noch

to Avendbroot inlaadt. Peer sä, de beiden Deerns harrn sik düchtig freut un rinhaut as de Schünendöschers.
Annern Morgen, nah dat Melken, harrn wi uns ton Fröhstücken verafreedt. Ik harr een poor Rundstücken hoolt, un denn seten wi bi Kääs un Mettwust un Kaffee un Tee tohopen un schnacken. Wi kunnen gor keen End finden, wi sabbeln över de Welt, över uns Minschen, uns Gesellschapp un woans dat all wieder geiht. De beiden jungen Fruuns vertellen vun ehre Erfahrungen, wiet weg vun Tohuus, blots mit dat ünnerwegens, wat se dregen köönt, to Foot oder per Anhalter. Dor warrt se ümmer mitnohmen, säen se, un faken säen de Lüüd, eegentlich wörrn se ja keen Anhalter mitnehmen, aver för Wandergesellen wörrn se een Utnahme moken. Ulkig, sä ik, all de annern wullen ok blots vun A nah B un staht un töövt sik den Mors af, aver so een Wandergesellenkluft mookt de Harten vun de Lüüd open. Ümmer, naja, fast ümmer harrn se een goden Platz ton Schlopen funnen, säen se. Un lopen mössen se ok nich toveel.
Wi harrn uns lang nich utsabbelt, aver de

Arbeit vun den Dag möök sik nich von alleen. De beiden güngen wieder Richtung Lübeck, un ik heff ehr een Tipp geven, wo se de nächste Nacht schlopen kunnen. Opletzt drücken wi uns de Hannen, un se vertellen, Wandergesellen wüssen ja nie, wann se sik wedder drepen, op ehren Weg, kunn later ween oder ok glieks, dorför säen se to Afscheed ümmer: „Bis gleich!“ Bit glieks, sä ik un keek ehr achteran. Een beten harr ik Lust, eenfach mit to lopen. Een beten aver ok nich. Dat nennt man wohl Ambivalenz.

Dat Backbleek

Siet sössuntwintig Johren bün ik nu Buer, un ik Dörchschnitt heff ik föfftig Melkkööh. Jedet Johr koomt welk dorto; jedet Johr gaht welk af. Meist heff ik wohl so sösstig Kalbungen in`t Johr. Mookt sössuntwintig mol sösstig, also um un bi 1560 Kalbungen, siet ik Buer bün. Un nu harr ik ton ersten Mol in düsse lange Tiet eene seltene Komplikation bit Kalven: Een Koh hett utbengt. Gebärmuddervörfall, seggt Ida, de junge Tierdoktersch, de bi mi kümmt. Dat heet: Bit Kalven is de Gebärmudder mit rutkomen un leeg nu achter de Koh in de Mist. Ton Glück weer se nich afreten; denn weer de Koh glieks verblött. Nee, de Gebärmudder weer noch fast.

Dat Kalv güng dat goot, de Koh aver nich. Se harr ok Melkfeber un kunn nich opstahn. Ik heff Ida anropen. As se dor weer, bekeek se sik dat Drama un sä, wi mössen nu erstmol een Infusion geven, gegen dat Melkfeber. Denn mössen wi Stück för Stück de Nahgeburt vun de Gebärmudder lösen, dornah de Gebärmudder vun den Mist sauber moken, trüch stoppen in de Koh un denn de Scheide toklammern, dormit de Koh nich nochmol utbengt. So wiet, so goot, aver dat Trüchstoppen weer nich so licht, as wi dacht harrn. Denn dat güng nich eenfach so, rummsbumms, sünnern de Gebärmudder weer utstülpt, as een Schlauch, vun binnen nah buten dreiht, un wi mössen dat so wedder rinstoppen, as dat hӧör un dorbi noch oppassen, dat wi keen Löcker in`t Gewebe rieten; denn de Koh schull dörchkomen un nich verblööden. To tweet legen wi achter de Koh in de Mist un hebbt stoppt un schweet un schimpt, un ümmer wedder beng se gegenan – wi kemen un kemen nich vörwarts. As mien Mitarbeider Sven mit Melken fardig weer, keem he ok noch dorto un hett holpen. Nu weern wi to drütt an`t Stoppen un Schweeten un Schimpen. Denn meen Ida, wi bröken wat Langet, Flachet, een Backbleek oder so, so dat wi de Gebärmudder in een Stück hochböhren un vun baven rinstoppen kunnen. Also bün ik in de Köök un heff een Backbleek hoolt, un süh, dat hett klappt. Sven un ik höllen dat Backbleek hoch, mit de Gebärmudder dorop, un Ida stopp un stopp. Wusch, föll de Gebärmudder trüch in de Koh, un Ida neih den Utgang wedder dicht. Erstmol weer allens goot, Antibiotika noch, mehr kunnen wi nich moken. Wi harrn de Hoffnung, dat de Koh dörch komen kunn. Een poor Daag lang segh dat ok goot ut, man denn harr sik doch wat entzündt, de Koh höll op to freten un wörr schlechter un schlechter, un an`t End möss Ida ehr doch erlösen. So is also dat erste Utbengen in miene Tiet as Buer nich goot utgahn.

Worüm vertell ik dat? Ik meen, een warrt jo nich blöder dorvun, wenn een sowat mol to hören kriggt. Un överhaupt: As ik later den Avend mit dat Backbleek – joo, ik harr dat sauber mookt – in de Köök keem, fröög mien Fru, woto ik denn buten dat Backbleek bruukt harr. Tja, un ik heff ehr vertellt, wat wi mookt harrn, Ida un Sven un ik. Un ik heff nich logen. Also, wat ik eegentlich seggen wull: Ik heff een Backbleek to verschenken. Niewertig. Is nix mit los.

En trurigen Dag

Dat weer een trurigen Dag in`t Fröhjohr, annerletzt. Laila, de Schimmelstut vun uns Dochter Carla, harr de Sehnen in de Vörderbeen kaputt. Se harr dulle Wehdaag un kunn blots ünner Schmerzmittel överhaupt opstahn. Carla harr denn een Tierarzt Bescheed seggt, een Spezialdokter för Peer un jüm ehre Knoken; de is nah uns hin komen un wull Ultraschall un Röntgen moken, aver he schüttkopp al nah de Ultraschallünnersökung un sä, dor weer keen Utsicht op Heilung un keen Utsicht op een Wiederleven ohn Wehdaag. Un he wörr nich to lang töven. As he dat sä, lepen Carla de dicken Tranen övert Gesicht.

Carla is 26, un se harr Laila dörteihn Johren, ehr halvet Leven, den ganzen Weg vun de pubertäre Deern hin nah de erwassene Fru. Ik heff Carla in de Arms nohmen un fast holen. Later reep ik unse Tierdoktersch Ida an un heff ehr fraagt, wat se annern Dag komen kunn, Laila de Sprütt geven. Wi hebbt uns verafreedt, för den nächsten Vörmeddag. Dor harr Carla frie, un ok Sarah, ehr Rietbedeeligung, wull dorbi ween, üm Afscheed to nehmen.

An den nächsten Morgen kemen Carla un Sarah rechttietig. Se hebbt Laila vun`t Paddock hoolt un nochmol örntlich putzt. Dat Winterfell keem rut; överall op den Hoff legen grote Büschel vun dat witte Fell. Wi hebbt noch een poor Fotos mookt, de Deerns mit dat Pony, un denn keem Ida mit ehr Auto üm de Eck.

Wi weern all dorbi, Carla, Sarah, mien Fru un ik. Wi stünnen dor un blarren üm Laila, üm Carla ehren Schimmel. As dat Leven rut weer, hett Carla sik noch de Hoor vun den Steert afschneeden, un wi güngen in de Köök, üm op Laila un dat Leven antostöten.

As wi wedder rut kemen, weern de Spatzen dorbi, sik de witten Fellbüschel vun`n Hoff to sammeln. Allerbesten Kroom, meenen se, för jüm ehre Nester, för dat niede Leven. De Welt dreiht sik wieder, ümmer wieder, un dor, wo

Doot is, is ok Leven. Ok een Trost, jichtenswo.

Liekers – dat weer een trurigen Dag in`t Fröhjohr, de Dag, an den Laila vun uns güng. Wiel wi dat so beschloten harrn.

Friehändig

Nülichs heff ik mol wat utprobeert. Nah Johren, nah Johrteihnten, nah Ewigkeiten bün ik mol wedder friehändig Rad föhrt.
Ik meen, friehändig föhren, dat is een vun de Saken, mit de du jichtenswann eenfach ophöllst. As Jung, as Halvstarken mookst du dat eenfach. Wiel du dat kannst. Un wiel du nich bang büst. Vun Stolpe nah Wankendörp, dree Kilometer, friehändig föhren? Dor weer doch nix bi. Hebbt wi ständig mookt. Een Fründ vun mi is mol anholen worrn, vun unsen Dorfputzen, de harr to em seggt: Wenn du dien Fohrradlenker nich bruken deist, denn buu ik mi em af. Ik kann em goot bruken!
Un denn warrst du öller, föhrst jichtenswann Auto, un wenn du di mol op Rad settst, löttst du schön de Hannen an Lenker. Un schwupps sünd veertig Johren üm, un du büst nich eenmol friehändig föhrt.
Nülichs seet ik mol in`t Auto, ik föhr nah

Wankendörp ton Inköpen, un op den Radweg keem mi een Deern entgegen, de Dochter vun een Kolleg. Se is nich blots friehändig föhrt, nee, se is friehändig föhrt, harr Kopphörers op, harr in de linke Hand dat Smartphone un weer jüst dorbi, wat in to tippen, in de rechte Hand harr se een Doos mit Energy, so keem se mi entgegen, kreeg mi klook un streck mi den rechten Wiesfinger entgegen, üm mi to gröten, blangen de Red Bull-Doos. Hammer, heff ik dacht, dat is mol Multitasking! Friehändig föhren, Musik hören, Smartphone bedeenen, Red Bull supen un, as sik dat hört, de Navers gröten. Wenigstens een vun all düsse Saken möss ik doch ok können. Un mit Mol harr ik den unbändigen Wunsch, ok mol wedder friehändig to föhren.
Poor Daag later weer dat sowiet. Ik harr een Optritt in Wankendörp, Golden Hochtiet, een halve Stünn mien Geschichten vertellen, twüschen Meddag un Kaffee, dormit de Lüüd nich to schlaapt. Wedder weer goot, dree Kilometer, ik heff dat Rad nohmen. All op den Hinweg heff ik dacht, nu will ik friehändig föhren, aver ik heff mi tosomen reten. Lever

erst den Optritt un dat Geld in de Tasch, bevör ik koppheister gah.
Op den Rüchweg, bi de Kark, heff ik denn all mien Moot tosomen un de Hannen vun Lenker nohmen. Ik weer bang, un de ersten Meter weern böös wackelig, aver denn güng dat gor nich mol so schlecht. Joo, dat hett richtig Spoß mookt. Un mien Fru meent sogor, de nieden Teehn staht mi veel beter as de olen.

Blitzen

Normolerwies bün ik eher een langsamen Autofohrer. Mien Fru ton Bispeel wünscht sik, wenn ik fohr un se is Bifohrerin, ümmer so een Fohrschoolauto, bi dat se ok vun Bifohrerplatz ut Gas geven kann. Liekers kümmt dat vör, dat ik blitzt warr, denn meist fohr ik sone Eenheitsgeschwindigkeit. De is oft to langsam, aver an de een oder anner Steed ok to schnell.

As ik toletzt blitzt worrn bün, weer dat een besünner Geschicht. Unsen Jüngsten, Jon, güng noch to School, un he harr to lang schlopen. De Bus weer lang weg, man Jon möös rechttietig in de School ween, he schull al in de erste Stünn een Klausur schrieven. Ik harr mi jüst een Kann Kaffee för den Melkstand kookt un wull even anfangen to melken, dor keem he anlopen – he segh noch recht verschlopen un verstrubbelt ut – un fröög mi, wat ik em mol even gau de 25 Kilometer nah

Niemünster, nah de School föhren kunn, aver bitte glieks sofort! Okay, süüfz ik un sett mi in den olen Transit, in mien Stallklamotten, mit mien Kann Kaffee un mien Kaffeetass. Un allens hett klappt; de Söhn weer *just in time* in de School, hett later Abitur mookt un lött sik nu een Schnauzer stahn, aver dat is een ganz anner Geschicht. Ik jedenfalls föhr nu dörch Niemünster, ik wull nah Huus un endlich melken, aver erst wull ik mi mol een Kaffee gönnen. Also nehm ik de Tass in de linke Hand, lenk wieldes mit den Ünnerarm, grabbel mi de Kaffeekann un schenk mi jüst een schöne Tass Kaffee in, un mit Mol – flash! – blitzt dat ut een Auto, dat an Stratenrand stünn.

Oha, dach ik, dörp man sik bit Autoföhren een Tass Kaffee inschenken? Ik meen, jedeen weet, dat man bit Föhren nich telefonieren dörp, un wenn dat op Foto is, wenn du blitzt warrst, is dat extra düer un gifft een Punkt in Flensburg, aver Kaffee? Gespannt tööv ik op de Post vun de Stadt Niemünster un stell mi al dorop in, för söss Wochen to Foot nah mien Lesungen to gahn. Denn keem de Breef.

Super Foto. Vun mi segh man de linke Hand un de Kaffeetass un de rechte Hand un de Kaffeekann. Sonst nix. Poor Kilometer to schnell. Föffteihn Euro. Ik harr afstrieden kunnt, dat ik dat weer, man denn muttst du an`t End noch Fohrtenbook föhren oder son Mist. Ik heff gau betahlt, un nu heff ik dat schönste Blitzerfoto, dat se jemols vun mi mookt hebbt. Kaffeetass un Kaffeekann un twee Buernpranken. Ik seh noch nich mol fett un hässlich ut, so as sünst ümmer.

Glück in Alldag

glieks nah`t Opstahn
bit Kaffee koken
de Spöölmaschien utrümen
ik koom mi denn nich so nutzlos vör

Kööh holen morgens
dorbi den Sünnopgang bewunnern un
de Heven brennt

oder vun den Barg ut
övert Moor kieken
dat todeckt is
mit een Laken ut
witten Nevel

nah`t Melken fröhstücken
ganz in Rooh
mit frischen Filterkaffee
Melk un een Zeitung
ut Papeer

Köters
de sik freut as dull
wenn ik rin koom un
ik weet wedder
dat mookt een Ünnerscheed
wat ik dor bün oder nich

warme Regen
de denn kümmt
wenn man em bruken deiht

Gören
de mol weeder nah Huus koomt
un een Tietlang blievt

sünnavendsnahmeddags
mit mien Fru in Arm
op Sofa
vörn Fernseher versacken
un fief Stünnen lang
Sex and the City kieken
kuscheln un dat Dörp
sotoseggen oder
beter noch
kuscheln un de Hoff

Gummisteveln
de bequem sünd un
keen Schweetfööt mookt

Lüüd de tohöört
wenn ik Geschichten vertell
un denn lacht oder weent
je nahdem
wat för een Geschicht dat is

Böker

Kööh

een Auto mit CD-Player

Applaus

een Fründ mit een Gitarr

Musik

Leevde

Sex

un noch mehr

noch soo veel mehr

HSV

Ik kann dor nix vör, aver ik bün HSV-Fan. Du söchst di dat ja nich ut; dat kümmt eenfach över di. Un naja, se hebbt mi eenfach tofaten kregen; denn as ik anfungen heff, mi för Football to interesseeren, güng jüst de beste Tiet vun HSV los. Dat erste Footballspeel, dat ik bewusst in Fernseher keken heff, weer dat Pokalfinale 1976. Ik weer acht Johren oolt, un de HSV hett 2:0 gegen Kaiserslautern gewunnen. Vun doran weer ik HSV-Fan, un in de ersten Johren weer ik dormit meist op de richtige Siet. Een Titel nah den annern hebbt se hoolt: 1977 Europapokal vun de Pokalsieger, 1979, 82 un 83 Meister un 83 den Europokal vun de Landesmeister noch dorto, 1987 Pokalsieger. Ölben Johren, söven Titel. Nich schlecht. As HSV Fan weerst du ümmer boben op.

Un sietdem güng dat langsam, aver stetig bargdaal. Unabsteigbar. De Klock in`t Stadion. Mit Glück de Relegation överstahn, un du as HSV-Fan hest dacht: Noch wieder rünner geiht nicht. Güng aver. Mehr as eenmol heff ik mi wünscht, Dortmund- oder Bayern-Fan to ween, aver hett nich klappt. Du kannst di dat nich utsöken. Dat is Schicksal.

Denn weer dat sowiet, 2018: Afstieg. De Klock in`t Stadion, wat pienlich, to verschenken. Wull aver keener hebben. Un denn, ümmer kort vör Pleite, de tweete Liga. Jedet Johr boben mit dorbi, veermol Veerter, tweemol Drütter. In de Relegation, kannst vergeten.

Wenn ik nu mit anner ole HSV-Fans schnacken do, hör ik ümmer fakener: Du, schiet op den Opstieg, wi gaht doch anner Johr wedder rünner, un Meister warrt sowieso blots de Bayern. Laat uns man schön tweete Liga blieven. Dat Stadion is vull, de Speele sünd spannend, de Stimmung is goot, wi gewinnt ok mol – wat wüllt wi denn mehr?

Joo, un wat schall ik seggen? Wo se recht hebbt, hebbt se recht, un ik denk an mien egen aktive Tiet in de achtiger un ningtiger Johren, bi den TSV Wankendörp. Ik wull mi nich anstrengen, wull mi nich afmarachen. Lever dat schlampige Genie in de C-Klasse as sik quälen, üm in de Kreisliga to bestahn. Süh, un dat is nu de Status vun den HSV: dat schlampige Genie ut de tweete Liga. Ümmer een beten to schlecht, aver ümmer boben mit dorbi. Un de Stimmung is goot! Vergangen Johr hebbt se in Pokal sogor mol gegen een hochfavoriseerten Drüttligisten wunnen un sünd een Runde wieder komen! Hammer! Nur de HSV!

HSV, nochmol

As HSV-Fan schnackst du jo ok mol mit anner HSV-Fans, gifft jo doch een poor vun uns arme Kreaturen. Ümmer mehr vun uns hebbt sik jo mit de tweete Liga arrangeert un wüllt gor nich, dat de HSV wedder opstiggt. Boben verleerst du doch blots un geihst wedder rünner. Tweete Liga mookt veel mehr Spoß, un du muttst nich gegen Bayern spelen; dat weer in de letzten dörtig Johren ümmer so trurig.
Dat beste Argument för den HSV in de tweete Liga hett mi annerletzt mien Fründ Jan Robert levert. He is Buer op Föhr un föhrt gern mol nah Hamburg in`t Stadion, üm HSV to kieken. Solang de HSV in de erste Liga weer, harr he ümmer een Problem. Denn fung dat Speel meist sünnavendsnahmeddags Klock halvi veer an. Halvi söss to End, un bit du rünner vun Stadionparkplatz weerst, hett dat solang duert, dat du Klock acht de letzte Fähre vun

Dagebüll nah Föhr nich mehr schaffen kunnst. Also weer een Stadionbesöök ümmer verbunnen mit een Nacht in`t Hotel. Also noch dürer, un du weerst meist twee Daag weg vun Hoff. Scheiße.

In de tweete Liga sünd de Speele aver oftins sünnavends halvi twee oder sünndags Klock een. Halvi veer oder Klock dree to End. Rut ut Stadion, rin in`t Auto, un egol, wo veel dor los is, sä Jan Robert, du kriggst locker de letzte Fähre nah Föhr.

Un nu weet ik ok, worüm de HSV nich opstiggt. Se denkt an jüm ehre dusende un averdusende Fans op de nordfreeschen Inseln un Halligen un dat de nah`t Speel in de erste Liga nich mehr nah Huus koomt un in de Fremde schlapen mütt. Dorüm blievt se ehre Fans to Leevde in Liga Twee. Also ik find dat edel. Köönt ji seggen, wat ji wüllt.

HSV, nochmol wedder

Schull de HSV aver jichtenswann tatsächlich wedder opstiegen in de erste Liga, denn schert mi all dat Gesabbel ut de anneren Texte över den HSV gor nich mehr. Denn eens is klor: De HSV hört in de erste Liga. Aver sowat vun. Heff ik al ümmer seggt.
Nie mehr tweete Liga! Nur de HSV!!!

Karpen

Man süht mi dat an: Ik eet geern. Aver koom mi nich mit Karpen. Dorbi bün ik överhaupt nich krüsch, nee, ik eet so goot as allens. Ik kann noch nich mol seggen, dat ik Karpen grundsätzlich nich mach. Nee, ik glööv eenfach, ik heff mien Quantum an Karpen weg. För mien Leven. För dat Leven vun mien Kinner. Un för dat Leven vun mien Enkel, de all noch nich geboren sünd.

Dat hett een besünneren Grund. Mien Mudder is ok op een Buernhoff opwussen. Ehr Broder, mien Onkel Kalli, weer dor Buer. He weer Landnaver vun een Gutsbedriev, de ümmer mit Karpen hökert hebbt. In Spitzentieden harrn de veerteihn Karpendieken, de se in Oktober afloten hebbt. Denn sünd se dörch de Modder tapert, hebbt de Karpen insammelt un in Bassins op den Gutshoff holen. Bit Februar kunn man dor lebendige Karpen köpen, un

wat se nich verköfft hebbt, schmeten se in`t Fröhjohr wedder in de Dieken.
De Gutsverwaltung hett mien Onkel Kalli fraagt, wat se över sien Land een Verbindungsgraben baggern kunnen, vun den eenen Karpendiek nah den annern Karpendiek. Un mien Onkel Kalli hett dorför keene Pacht in Geld uthannelt, nee, he hett uthannelt: jeden Winter fiefhunnert Pund Karpen. Un vun dor an hett he sien Familie, sien Frünnen, sien Feinde mit Karpen versorgt, wat se welk hebben wullen oder nich.
Mien Onkel Kalli is fröh storven, mit Anfang Föfftig. He weer unverheiraat un harr keen Kinner, also hett mien Mudder den Hoff arvt. Un de fiefhunnert Pund Karpen jeden Winter. Vun dor an weer dat unse Opgaav, de Karpen af to holen, to schlachten, ut to nehmen un to verdeelen, an uns Familie, uns Frünnen, uns Feinde. Un wat wi nich los wörrn, mössen wi sülven opeeten.
Vadder un ik hebbt de Karpen ümmer tosomen afhoolt, in unsen VW Käfer. Wi weern ümmer Melkbuern, un natürlich harrn wi Trecker un Veehwagen, üm Kööh to föhren,

aver allens, wat nich Koh weer, is nich mit Trecker un Veehwagen föhrt worrn, sünnern mit unsen VW Käfer. De rechte Autositz keem rut, denn hett dor jüst sone Zinkwann rin passt, in de man ton Bispeel dat afstoken Schwien nah den Schlachter föhren kunn un twee Wochen later as Mettwust wedder holen. Un in düsse Zinkwann in den Käfer hebbt wi ok de Karpen transporteert, lebendig, mit een beten Water, Brett boben rop. Ik seet achter in`t Auto un möss dat Brett fast holen un oppassen, dat de Karpen nich ut de Wanne springt, un wenn een rutsprungen weer, möss ik em gau to faten kriegen un wedder in`t Water doon. Tohuus, in de Melkkomer, hebbt wi ehr denn doot haut, opschneeden, utnohmen – de Innereien hebbt ümmer de Höhner kreegen, ik glööv, dat kunn man de Eier över Winter anschmecken – un denn utföhrt un verdeelt, an uns Familie, uns Frünnen, uns Feinde, un wat över bleev, hebbt wi sülven eeten. Schull ja nix verkomen.
Ik eet gern, du, man süht mi dat an, aver ganz in Ernst: Koom mi nich mit Karpen.

Dörpstraat, Sommerferien, nah Meddernacht

In mien Heimatdörp is dat ümmer noch so, dat de Stratenlaternen nich de ganze Nacht brennen doot. Meddernacht gaht se ut, un denn is dat duster in`t Dörp. Solang nüms de Dörpstraat daal löppt. Geiht dor aver een Minsch, een Katt, een Köter oder een Wolf, denn springt överall de Bewegungsmelderlampen an de Huusdören an, un dat elektrische Licht löppt dat Leven achteran. Un duster is vörbi.
Dat weer in mien Jugendtiet anners. Dor geev dat keen Bewegungsmelderlampen. Nah Meddernacht weer dat duster in`t Dörp, un dat bleev duster. In Sommer, in de Sommerferien bün ik af un to dörch Dörp gahn, merden in de Nacht, ganz alleen, barfoot, op den Asphalt, de noch warm weer vun den Dag in de Sünn. Ganz liesen weer dat; dat Dörp schleep, sogor de Autobahn, de uns Dörp merden dörchschnitt, schwieg still. Allens, wat ik hör, weer

dat sanfte Patschen vun mien naakelte Fööt op den Teer.
Eenmol, ik harr een Handdook bi un wull noch eene Runde schwimmen, dörch de Nacht, dor brenn noch Licht in Annes Stuuv in ersten Stock. Vörsichtig bün ik över den Goorntuun kladdert un heff mi een poor lütte Kieselsteen nohmen. De heff ik so zärtlich, as dat güng, gegen ehr Fensterschiev schmeten. Duer nich lang, dor keek se ut Fenster, mit lüürlütte Ogen; se weer bi Lesen toschlopen. Kümmst du mit nah den See?, flüster ik ehr to. Worüm nich, anter se, un twee Minuten later güngen wi Siet an Siet de düster Dörpstraat daal, jeder een Handdook op de Schullern, Hand in Hand, obgliek wi nix miteenanner harrn. Wi weern beste Frünnen.
Dat Water weer warm, un achteran seten wi Arm in Arm an`t Ufer, schnacken liesen un keken op de anner Siet vun See, wo de Wald noch schwatter schien als de Rest vun de Welt. Wi weern sössteihn, duster un unergründlich leeg dat Leven vör uns as de stille See in düsse Hochsommernacht. Aver wi weern nich bang, nich mol een beten bang weern wi.

Klassendrepen

Wi hebbt dat schafft. Endlich hebbt wi dat schafft. Wi hebbt uns dropen, dat erste Mol, nah fiefuntwintig Johren. Wi sünd de Höla-Klass ut Rendsburg, Höhere Landbauschule, Johrgang 97/98. Tweeuntwintig junge Kerls weern wi dormols, twüschen Mitte Twintig un Anfang Dörtig, keen Deern dorbi, de meisten vun Buernhoff, mit de Utsicht, den Hoff vun de Öllern to övernehmen. So weern veele in de Klass in een ähnliche Situation, noch nich ganz Buer, aver bald, jung un vull mit Kraft un Knööv, bereit, den Bedriev antopacken, mit all dat Glück, aver ok all dat Schwore, wat dormit tosomen hingt. Wi hebbt dormols all unse Hööv besöcht, mit de ganze Klass, un jedeen jungen Buern möss sien Bedriev vörstellen. Meist geev dat denn op de Hööv noch wat to eten, un wi seten tohopen un schnacken över all dat, wat dormols vör uns leeg. Un wiel veele vun uns do in een Tiet vun`t Leven weern, de man verglieken kunn, geev dat ok een besünnere Atmosphäre twüschen uns, Vertruen ok. Wenn wi so een Hoff besöcht hebbt, keem dat vör, dat de junge Buer uns nich blots de Döör apen möök, sünnern ok sien Hart. Un dat weer okay. Wi harrn keen Morslock in de Klass. Un wi seten all in`t sölbige Boot. Dat weer nich eenfach, nirgends nich. So een Bedrievsövernahme is komplex, un du dröppst een Entscheidung för`t ganze Leven. As de School dormols fardig weer, güngen wi all op unse Hööv un möken dat Beste dorut. Dat Beste, wat güng. Dat Beste, wat wi kunnen. Jeder an sien Steed, jeder op sien eegen Ort un Wies.

Jichtenswann harr ik anfungen, Geschichten un Böker to schrieven un överall in`t Land op de Bühne to stahen. Af un to bün ik den een oder annern ut de Höla begegendt, un ümmer säen wi: Wat de annern wohl mookt? Eegentlich mössen wi uns mol dropen! Aver nie is dat wat nah komen. Bit annerletzt dat fiefuntwintigjohrige Jubiläum anstünn. Ik harr een Optritt, een vun mien Klassenkameraden schnack mi an, eegentlich mössen wi uns dropen, wi hebbt Jubiläum, okay, säen wi, wi telefoneert morgen, un denn mookt wi wat af. Un so is dat komen. Wi harrn beide noch den olen Ordner ut de Schooltiet, mit de Adresslist, un Buern treckt jo selten üm. De allermeisten kunnen wi utfindig moken un hebbt inlaadt, in de Margarethenmöhl in Legan, den Krog, in den wi dormols ümmer unse Partys fiiert hebbt. Vun tweeuntwintig sünd an`t End föffteihn komen, un twee vun uns ole Lehrers noch dorto. Een Beer in`t Stahen vörweg, un glieks weer de ole Vertrutheit wedder dor, nah fiefuntwintig Johren. Bevör dat Eeten geev, seten wi uns in een groten Kreis, un nah de Reeg vertell jeder ut sien Leven, wat so passeert weer in fiefuntwintig Johren. Vörher dachen wi, dat wörr villich een Stünn duern, an`t End sünd dor twee ut worrn, jeder hett vertellt, un alle hebbt se tohört. So tröcken söventeihn mol fiefuntwintig Johren, also 425 Johren an uns vörbi, all dat Glück, all dat Leed, all dat Leven. Dat weer wunnerbor intensiv, alles keem op den Disch, Hochtieden, Scheidungen, Kinner, de plötzliche Doot vun de

Fründin, de schwore Unfall vun den Vadder, Krankheiten, aver ok ümmer wedder dat Glück, dat wi harrn, dat wi Buern ween kunnen op uns egen Land, dat wi noch dor weern. Wi weern tosomen still, wenn dat trurig weer, un wi hebbt tosomen lacht, wenn dat wat to lachen geev. So, as de een vun uns vertell, sien Söhn – Youtuber – wull nich Landwirtschapp lernen, wiel he keen Bock harr, in sien Vadders Niedriglohnsektor to enden. Un so leeg op manche vun uns Vertellen ok de trurige Vörstellung, dat unse Generation op den een oder annern vun uns Hööv villich de letzte Generation vun Buern is. Wieldes bi annere all de Jungbuern loslegen wullen un dat gor nich aftöven kunnen. Tja, sä de een vun uns, nu sünd wi de Olen!
Dat weer een langen Avend un eene kotte Nacht. Vun nu an wüllt wi uns all fief Johren dropen. Ik freu mi nu al op dat nächste Mol.

Jenny

As ik in de landwirtschaftliche Lehrtiet op mien drütten Lehrbedriev arbeit heff, weer ik twintig Johren oolt. Mi güng dat dor allerbest. Ik harr lehrt, dat ik wat kunn, un wenn du wat kannst, mookt di dat ok Spoß. Een poor Wochen, nahdem ik dor anfungen harr, kregen wi eene Praktikantin, Jenny. De weer föffteihn oder sössteihn un harr hellblonde Strubbelhoor. Se weer opsternaatsch un wull nich mehr to School gahn. Över Wochen harr se blots schwänzt, und de Schoolleiter harr to ehr seggt, entweder se kümmt wedder to School, oder se mookt een Praktikum jichtenswo. So keem se to uns op den Hoff.
Vun ersten Dag an much ik ehr geern. Se harr dat Muulwark ümmer in de Gang, se weer frech un leet sik fast nix seggen. Eegentlich weer se Punk, ohne Punk to ween, un dat bi all de Hippies bi uns op den

Biohoff. Op den linken Arm harr se sik sülven een Hart tätoweert. Segh scheiße ut, aver se dröög dat mit Stolt. Se weer vull mit Power, Kraft un Knööv; dat weer so, as wüss se blots nich, wohin dormit. Ik heff geern mit ehr tosomen arbeit. Se harr een gode Energie.
Een Dag schullen wi Stroh inföhren, Haverstroh. Dat is dat beste Stroh överhaupt. Gassen is hellgeel un pieksig, mit all de Grannen doran, un Weeten un Roggen sünd eher strunkig un gries. Haverstroh aver is golden un week un warrt allerbest freten, vun Peer, Kööh un Kalver. Jenny un ik weern indeelt, op den Heuböhn ünnert Bleekdack dat Stroh to packen. Ik heff dat wieder schmeten, mit de Fork, un Jenny hett packt. So stünnen wi in de Hitten, oh, wat hebbt wi schweet, aver Jenny weer toog. Se hett dörch holen, bit ton Schluss, un as wi fertig weern, leep se op mi to un schubs mi in`t Stroh. Ik wüss gor nich, wat los weer, aver mit een Mool huuk se op mien Buuk un höll mi de Arms fast. Vull mit Stroh in ehr Strubbelhoor. Se harr een wittet T-Shirt

an un weer dörchschweet. Wat schall ik seggen, se weer hammermäßig sexy. Un nu böög se sik rünner un ik glööv, se wull mi küssen. Ganz ehrlich, ik wull nix anners as düssen Kuss.

Aver in hunnertstel vun Sekunnen güngen mi dusend Gedanken dörch den Kopp. Se is föffteihn oder sössteihn, dach ik, du büst twintig; du kümmst in Knast. Du hest Abi, un se flüch rünner vun de Hauptschool, wat schüllt dien Frünnen denken? Se kann nich mol engelsch! Joo, se is sööt, se is sexy, se hett den vullen Rotzgörencharme. Aver se rüükt nah Arger. Un ik heff ehr vun mi rünner stött.

Een poor Daag later weer Jennys Praktikum to End. Mit een Mol weer se weg. Keene Ahnung, wat se wieder to School gahn is oder nich, keene Ahnung, wo se afbleven is. Wenn ik mi ehr nu vörstell, fallt mi ümmer blots noch mehr schlechte Tatoos in, schlabberige Joggingbüxen, Junkfood, billige Zigaretten un een Mors vull Rotzgören. Aver villich heff ik blots to veel vun de verkehrten Sendungen in`t Fernsehen sehn.

Jenny. Ik heff nie wedder wat vun ehr hört. Wo ok ümmer se ok is – ik hoff, ehr geiht dat goot.

Krimis un so

Ik bün ja vull de Leserott. Oder nenn mi, wat weet ik, Bökerworm. Ik lees total geern. Eegentlich heff ik ümmer een Book in de Gang, un ik lees so goot as allens. Blots keen Krimis. Oh, gah mi af mit Krimis. Överhaupt nich mien Genre, echt nich. An leegsten find ik ja de Regionalkrimis, du. Jedeen Minikaff, in dat dat gröttste Verbreken vun de letzten föfftig Johren dat Knacken vun den Kaugummiautomaten weer – dat weern Profis! – hett nu een depressiven Kommissar, de een düster Bedrugssystem ut Korruption un Gewalt opdecken will. De Schlachter hett ümmer Glatze un haut sien Söhn, un de Landhändler is fett, CDU un geiht över Lieken. Gähn! Mann, du, laat mi tofreden mit Krimis. Total unrealistisch.

Un koom mi nich mit Fantasy. De will gor nich realistisch ween, aver echt mol: Nix is schlimmer as Fantasy. Nee, ehrlich, wenn ik wat vun Feen, Elfen un Trolle lees, denn will ik an leevsten ordentlich rop hauen, bit se ophoolt, rüm to wuseln. Un Hobbits mit ehre grooten Plattfööt schullen man lever to Pediküre gahn, as uns in veel to lange Böker mit ehre so nöhmten Aventuer to nerven. Denn doch lever, also jedenfalls nich Science Fiction. Beknackte Geschichten över annere Welten, annere Planeten, anner Tieden. In de Tokunft! Ik meen, wi kriegt jo nich mol de Gegenwart regelt, wat schüllt wi uns Gedanken över de Tokunft moken? Ehrlich, dat vertellt mi nix över mien Leven. weg dormit!

Also, as ik seggt heff, ik les total geern. Allens. Bit op Krimis, Fantasy un Science Fiction. Un noch wat. Plattdütsche Alldagsgeschichten. Plattdütsche Alldagsgeschichten, ey. Stell di dat mol vör. Ik schloop al in, wenn ik blots doran denk. Plattdütsche Alldagsgeschichten! Langwielig!

Landjugendromantik

Nülichs hett mien Dochter wat vertellt, dat kunn ik gor nich glöven. Se sä, een jungen Buern ut de Landjugend harr sik merden in de Nacht mit de lütte Plantenschutzsprütt op den Rüch in den Gaarn vun dat Öllernhuus vun sien letzten Grillfestflirt schleken un harr denn dor vör dat Fenster vun de Deern mit Roundup een groodet Hart in Rasen nich maalt, nee, doot sprütt. Poor Daag later sturv de Rasen denn af, un du kunnst dat welke Hart sehn.

Is dat nich romantisch? Een Hart ut doodet Gras in Gaarn? Hammer! Dat is so krank, dat is so schräg, dat is so afsurd, dat hett al wedder wat. Find ik jedenfalls.

Ik weet nich, wo de Deern oder ehr Öllern reageert hebbt; dat is nich överlevert. Aver wenn ik mi vörstell, dat weer bi uns passeert – bien Biobuern in Gaarn den Rasen hartförmig doot sprütten, um sien Leevde to wiesen?

Wat schall ik seggen? Wi hebbt dree Deerns, un in Allgemeenen bün ik ümmer recht verdreeglich ween mit ehre Verehrers. Ümmer heff ik mi trüch holen, keen Gesabbel vun wegen „Jung Mann, wi mössen uns mol ünnerholen, wat moken Se eegentlich beruflich, kann een dorvun een Familie satt kriegen?“, un, blangenbi, heff ik een Schwäche för all de Freaks, de dat so gifft, op uns Eer. Aver wenn dor een komen weer, merden in de Nacht, heemlich een Hart in unsen Gaarn doot to sprütten, nu, ik glööv, de harr dat eventuell schwor hatt mit mi. Wobi: So genau kann ik dat nich seggen. Is jo rein spekulativ...

Mit Blick op den See

Af un to warr ik fraagt, of wi een Ferienwahnung hebbt, of man bi uns op den Hoff Urlaub moken kann. Aver wat Lage Lage Lage angeiht, sünd wi nich jüst privilegeert. De Huuseck tweeuntwintig Meter vun de Autobahn weg, un ofschonst dat uns in de Gegend veele schöne Seen gifft, hebbt wi null Seeblick. Blick op Water gifft dat blots, wenn dat in Winter dree Daag dörchregent un de Klärdiek överlöppt. Man dat is ok nich so richtig schön.

Seeblick gifft dat bi uns blots op de Hunderunde, wenn wi an uns Eegenland een Stück bargan gaht. Nah veerhunnert Meter kannst du denn richtig wiet kieken, wenn de Mais vun den Naver noch lütt nuch oder al häckselt is. Un dor liggt he, de Stolper See, in den ik siet meist föfftig Johren jeden Sommer rümspaddeln do. Dor, an düssen eenzigen Platz op uns Land mit Seeblick, heff ik vör

een poor Johren een Utsichtsbank hinstellt, op de man sik setten kann, ton Verpusten un op den See to kieken. Wat ik af un to ok do. Sitten un kieken un nahdenken, trüchdenken ok, an mien Öllern un mien Broder, de hier all mol tohuus weern un de nu nich mehr dor sünd.
As dat bi so hölten Utsichtsbänke so is – de Johren in Wind un Wedder hebbt de Bank örntlich tosett. Se wörr gries un wackelig; se güng ut den Liem. Ümmer, wenn ik bi ehr weer, heff ik dacht: Oha, ik mutt mol een poor Winkel, een poor Schruven un een beten Warktüüg mitnehmen un de Bank repareeren, aver ümmer heff ik dat vergeten. Un as ik nülichs bi de Bank weer, dor stünn se dor, frisch renoveert, mit Winkels un Schruven un allens. Jichtenseen goden Minschen hett miene Bank heil mookt. Nu höllt se wedder een poor Johren.
Mi hett dat anröhrt, echt. Kannst seggen, wat du wist, aver sowat gifft dat blots op Land, blots op Dörp. Intwüschen weet ik ok, wer de geheime Monteur west is. Ik harr em tofällig dropen, wi nicken uns to, un ik

heff mi noch wunnert, worüm he mit een Akkuschruver in de Hand spazeeren löppt. Danke, Heero!

Tohuus in`t Auto

Wat fallt mi in, wenn ik Tohuus denk, heff ik mi fraagt, un nah all dat, wat wohl jedeen bi Tohuus denken deit, full mi glieks mien Auto in. Dat weer een lütten Bus mit negen Sitze, een Ford Transit. Jüst heff ik em verköfft, ton Utschlachten, wiel he keen Tüv mehr kregen hett, nah twölfeenhalv Johren un 450.545 Kilometer. Un ik kann würklich seggen, de Transit weer een Stück Tohuus för mi. Wo veele Stünnen heff ik dor in seten, op den Weg nah een Optritt, quer dörch Dütschland, un wedder trüch nah Huus, dörch de duster Nacht op de Autobahn, un wenn ik nich mehr kunn, heff ik mi achter rin packt un erstmol een poor Stünnen schlopen, bit dat Föhren wedder güng.

Ton Schluss segh he böös schedderig ut, vull mit Bulen un Rost, aver jede Buul, jeden Rostplacken vertell een Geschicht vun uns Familie, vun uns Leven. Ik meen, siet 2010 harrn wi em, un sietdem hebbt veer vun uns fief Kinner Föhrerschien mookt, un Föhrerschien mookt se in de Regel op een VW Golf oder so, un de is örntlich wat kötter un schmaler as son lütten Bus, un denn hebbt se frisch Föhrerschien un wüllt mol mit Vadders Auto los, un bi de ersten Touren doot se denn allens, dormit de Transit genauso kott un schmal warrt as een VW Golf. Oh, ik weet noch, wat hebbt wi domols oppasst, as he niet weer, dat dor blots keen Buul rin keem, un denn weer de erste Buul dor, un vun dor an weer mit eenmol allens schietegol, un jede un jeder harr den Ehrgeiz, sik in den witten Lack to verewigen. Wat se ok doon hebbt, all tohopen. An`t End mössen wi nich bang ween, dat man em klauen wörr. Den kunnst du överall stahn laten, open, mit lopenden Motor. De keem nich weg. Aver he weer toverlässig bit ton Schluss. Af un to lücht de Motorlamp, aver denn schull ik em blots mol betütern. As de Tüvonkel sä, dat geev keen Plakette mehr un ok keen Hoffnung op Plakette, dor möss ik meist blarrn.

450.545 Kilometer. Twölfeenhalv Johren. 22 %

vun mien Leven un 33% vun mien Leven mit Föhrerschien. He höörte to mi as sone Ort externen Körperdeel. Nu is he weg un wohrschienlich al utenanner nohmen un utschlacht, un ik heff son Geföhl vun „Phantomschmerz“ oder so. Klor, ik heff een niedet Auto, un wohrschienlich is dat veel beter as dat ole, aver tohuus bün ik dorin noch nich. Man dat warrt noch, dor bün ik seker.

Moorlieken

Ik bün in Stolpe, mien Heimatdörp, to Grundschool gahn, vun 1974 bit 1978. Eenmol in`t Johr geev dat een groten Schoolutfuch, dor keem een Bus nah Stolpe un hett all de Schoolkinner ut de Klassen twee bit veer mitnohmen; blots de lütten Erstklässler mössen in de School blieven un Ünnerricht moken; ik glööv, de Schoolmesters harrn eenfach keen Lust, op de wuseligen Lütten op to passen.

Jedenfalls weer dat also in Sommer 1976, even vör de groten Ferien, ik weer acht Johren oolt, as ik mien ersten Schoolutfluch mitmookt heff. Wi sünd erstmol an de Westküst föhrt, dat Eidersparrwark bekieken – dat weer dormols recht niet – denn sünd wi wieder föhrt nah Husum, Theodor-Storm-Huus, dat weer langwielig för uns Gören, un denn eenmol röver nah Schleswig, Landesmuseum Schloss Gottörp, dat Nydam-Boot un – vör allem – de Moorlieken.

Ik weet dat noch genau, duster weer de Ruum, duster un still, un in de lüchtenden Vitrinen legen de Moorlieken. Een geheimnisvulle Faszination güng dorvun ut. Wat weern dat för Minschen, worum legen se dor, wat schull dat Ganze? Bi uns in`t Dörp geev dat ok een Moor, dat Depenauer Moor, un mien Öllern harrn dor Masse Grönland pacht un hebbt sommerdags in een Weidemelkstand merden in`t Moor molken. Faken weer ik mit dorbi un stromer, so lang as Mudder un Vadder molken hebbt, dörch dat Moor. Mudder sä ümmer to mi: Pass op, dat du nich in`t Moor versüppst! Man ik weer nich bang un spring vun Grasbulten to Grasbulten. Un nu stünn ik vör de Vitrine mit de Moorliek dorbin un dach: Dat passeert also mit di, wenn du in`t Moor versüppst. Wenn se di wedder find, bringt se di nah Gottörp, packt di in de Vitrine, schrievt een gruslige Schuergeschicht dorto, un de Lüüd betahlt Intritt, üm di antokieken. Un ik dach, villich is dat dor achter de Schiev gor keen Ehebreker, den se in`t Moor jagt hebbt, sünnern blots een Buer, de sien Kööh to melken holen wull un afglitscht is. Oder een

Buersöhn, de bi`t Spelen in`t Moor versopen is.
Ulkigerwies funn ik de Moorlieken överhaupt nich unheemlich oder so. In Gedendeel, se weern eher een Trost för mi. Ok in schwore Tieden, wenn ik an mi twiefelt heff, wenn ik een schwore Prüfung vör de Bost harr, un ik wüss nich, wörr ik dat Abitur oder den Föhrerschien kriegen – egol, heff ik dacht, to Not kann ik ümmer noch Moorliek warrn. As Moorliek mutt ik nix köönen un nix lehren. Ik mutt blots doot ween, dach ik, un dat warr ik wohl trecht kriegen, un denn koomt de Lüüd un betahlt Intritt, üm mi to bewunnern. De Moorlieken – siet düssen Sommerdag 1976 föhr ik all twee Johren nah Gottörp un kiek, wat se noch dor sünd. Se hört to de Grundfesten vun mien Leven. Solang se dor sünd, is allens goot.

Wacken!!!

Af un to höörst du ja Saken, de kannst du gor nich glöven, so unwohrschienlich un afsurd koomt de di vör. Ik meen, denk blots mol an Wacken! Wo kann dat angahn, dat son lütt Dörp in Schleswig-Holsteen op de heele Welt berühmt warrt, wiel dor Johr för Johr dat gröttste Heavy-Metal-Festival vun den Planeten veranstalt warrt. Un dat is een ganz normolet Dörp! Ik heff dor ok al op de Bühne stahn, nee, nich op Festival, in den Gasthoff. Un dat weern normole Lüüd dor, nix mit Kutte un Pommesgabel un „Wacken!!!“- Brüllen un so, nee, de sehn ut as du un ik, un lacht hebbt se ok an de richtigen Stellen.

Aver vun`t Wacken-Festival wull ik vertellen. Ik meen, ik bün noch nie dor west, un villich is dat een schwatten Placken in mien Biographie oder een Bildungslücke, aver een goden Fründ vun mi is bi de Landespolizei un Heavy-Metal-Fan, un he mookt jedet Johr

Deenst in Wacken bit Festival. Un as he anner Johr dor Nachtdeenst mookt hett, kreeg he Klock twee in de Nacht een Anrop vun eene Festival-Besökerin, de sik beschweert hett. Se leeg in ehr Telt, in ehren Schloopsack un wull schlopen, aver güng nich, dat weer ja wohl veel to luut, un wat he as Polizist nu mol bitte dorför sorgen kunn, dat düsse Musik afstellt oder wenigstens liesen mookt warrt un dat all de Lüüd mol bitte de Nachtrooh inholen schullen.

Mien Fründ hett erst dacht, Hammer, wat vun geilen Witz, aver nee, de Fru meen dat bitter ernst. Ik meen, dor muttst du ok erstmol op komen, nah Wacken op Festival föhren un sik denn bi de Polizei wegen de luude Musik beschweeren. Saken gifft dat, de gifft dat gor nich!

Kennteken un so

Ik find jo, wi hier in Dütschland hebbt dat ganz goot mit uns Auto-Kennteken. Ik meen, in veele anner Länder kannst du an`t Kennteken nich sehn, wo du weg kümmst. Aver hier geiht dat. Un wo veele lange Autofohrten mit quengelige Gören hett man blots överstahn, wiel man Kenntekenraden spelen kunn. Un denn noch all de schönen Sprüche, de mit Afkürzungen verbunnen sünd. Blots een lütte Utwahl, hier ut de Naverschap: Niemünster, NMS: Nie mehr supen! Stormarn, OD för Bad Oldesloe: Oller Dussel! Ostholsteen, OH: Ohne Hirn! Plön, PLÖ: Pennt leider öfter.

Dorto kümmt, dat man mit de mittelsten Bookstaven jo ok richtige Wöör bilden kann, wenn man plietsch is. Oder nich so plietsch. Jedenfalls schallst du di nich wunnern, wenn du andauernd kontrolleert warrst, wenn op dien Auto KI-FF-24 steiht. Oder wenn man di för een Nazi höllt, wenn du mit OD-IN-88 dörch de Gegend föhrst. Wat mien Kreis – Plön – angeiht, is dat mit Wöör, de du bilden kannst, nich wiet her. Dor blifft blots N för PLÖ-N oder D för PLÖ-D, wenn du Monty Python-Fan büst un an Pontius Pilatus ut „Dat Leven des Brian“ denkst: Wirf den Purschen zu Poden, du Plödmann!

De Öllern vun mien erste Leevde Lotta harrn an`t End vun de Achtziger Johren een witten Audi Hunnert. Se kemen ut den Kreis Seebarg, Kennteken SE. Se harrn dat Auto gebrukt köfft, un he harr dat Kennteken SE-X. De Tahl weet ik nich mehr, aver dat Wort weer SEX! Afgesehn dorvun, dat een Audi Hunnert jo nich unbedingt för SEX stünn, weer dat Lotta, as se frisch Föhrerschien harr, ümmer unendlich pienlich, mit dat Auto ünnerwegens to ween. Een junge, blonde, hübsche Fru, de een SEX-Auto föhrt – dor sünd de blöden Sprüche un anner Grenzverletzungen jo vörprogrammeert.

Aver SE-X is jo, wat dat angeiht, noch gor nix. Annerletzt weer ik mit een Kolleg in Seebarg ünnerwegens, un vör uns an de Ampel stünn een deeper leggten, opmotzten VW Polo – Marke „Ik bün lütt un schwach, man vull mit Testosteron“ – mit dat Kennteken: SE-XX-69. Un achter an de Kofferruumklapp, ünner den albernen Spoiler, een goldenen Opklever: MegaPowerMuschi-Magnet. Mien Kolleg un ik, wi mössen so lachen. MegaPowerMuschiMagnet. Hammer! Leider kunnen wi nich kieken, wat för een – wohrschienlich – lütten Jung dorin seet un wat dat villich ironisch oder doch beerernst meent weer. Aver mien Kolleeg hett mi versproken, he schenkt mi ok son Opklever för uns Hoffauto, unsen föffteihn Johren olen Dacia Sandero. Dor is de Lüftung unrettbar twei, he schimmelt vun binnen, un wi föhrt em nu as Universalauto op, solang he TÜV hett. Unsen schönen olen Dacia Sandero, ääh, sorry, unsen MegaPowerMuschiMagnet!

Mudder un Freddy Quinn

Mien Öllern weern över 52 Johren verheirat, un ik kann nich seggen, dat se unglücklich miteenanner weern. Gewiss, dat geev Krisen, un af un an güngen se sik op de Nerven, aver dat is ja normol. Uteenanner lopen jedenfalls weer nie een Option för de beiden. Also: Se weern nich unglücklich miteenanner. Anners rüm kann ik aver ok nich seggen, dat se glücklich miteenanner weern. Se weern eenfach, so oder so, un se hörten tosomen, bit ton Schluss, bit Vadder doot bleev.

Wenn ik nu so nahdenk över mien Öllern, denn glööv ik, dat mien Mudder för mien Vadder tatsächlich de groote Leevde weer. Mi dücht aver, ümgekehrt weer dat nich so. Ik bün mi teemlich seker, dat Mudder Vadder nich toerst ut Leevde heiraat hett. Se harr anner Gründe.

As se sik kennen lehrten, dor weer Vadder een jungen Buern vun een lüürlütten Hoff, de noch nie ut sien Dörp rutkomen weer, un Mudder harr Huuswirtschaft lehrt, weer Landesmeisterin in`t Veelsietigkeitsrieden un ümmer över Sommer in Zürich ton Arbeiden. Dor harr se een Verehrer, een schmucken Italiener mit een kantiget Gesicht un düstere Hoor. Dat gifft Fotos, dor hett he sien Arm üm mien Mudder leggt, un de beiden seht glücklich ut. Dor is nie över schnackt worrn, aver ik glööv, Mudder weer kort dorvör, bi den Italiener in de Schweiz to blieven. Denn aver is Mudders Vadder, mien Opa Paul, krank worrn, un he harr nich mehr lang to leven. He leeg al op den Doot, un sien Dochter, mien Mudder weer al Ende twintig un noch ümmer nich verheiraat. Mi schient, Mudder wull ehren Vadder dat Geföhl geven, dat se versorgt is, dormit he in Roh gahn kunn. Even vör sien Doot hebbt mien Öllern sik verlöövt. Hand in Hand stünnen se för sien Dodenbett.

Dat weer dat denn mit den Leistungssport, mit den schmucken Italiener un mit dat Sommerleven in de Weltstadt. Mudder tröck to mien Vadder op den lütten Hoff, un ik weet nich,

wat se dat jemols bereut hett. Aver se hett dat dörch trocken.
Ik weet nich, wann genau mi klor worrn is, dat Vadder sowat vun överhaupt nich Mudders Typ weer. Ik glööv, dat weer jichtenswann bi`t Fernsehkieken, as Freddy Quinn sungen hett. Dor kreeg Mudder so glösige Ogen, se schunkel hin un her un summ de Melodie mit: „Junge, komm bald wieder, bald wieder nach Haus...“ Mit een Mol heff ik weten: Freddy Quinn weer Mudders Typ, un he segh den Italiener ut de Schweiz verdächtig ähnlich: Groot, schlank, kantiget Gesicht, düster Hoor. Mien Vadder dorgegen: lütt, lütter as mien Mudder, dick, rundet Gesicht, stratenköter-blond. Nee, Vadder weer nich Mudders Typ, aver nu harr se em an de Hacken. Wat schasst moken.
Mien Broder un ik, wi wüssen beide, dat Mudder een groten Fan vun Freddy Quinn weer. 1994, to ehren sösstigsten Geburtsdag, hebbt wi ehr twee Korten schenkt, för een Freddy-Konzert in`t Kieler Schloss. Beste Korten, erste Reeg, un natürlich hett Mudder Vadder mitnohmen. As ik em nächsten Dag in

de Köök fraagt heff, wo dat so west weer, bi Freddy, dor harr he sik ümmer noch nich wedder inkregen. He harr blangen Mudder seten, un de hett Freddy sowat vun anschmachtet, den ganzen Avend lang, dat Vadder so eifersüchtig worrn is, dat he al överleggt harr, alleen nah Huus to föhren. „Freddy!“, schimp he, „Goh mi af mit Freddy!“ Denn keem Mudder in de Köök, un se harr ümmer noch so een seligen Utdruck in`t Gesicht. Keen Twiefel – Freddy Quinn. Dat weer Mudders Typ.

De Ernst vun`t Leven

As ik een lütten Jung weer un ik schull hin nah School – ik entsinn mi, dat mien Vadder to mi sä: Nu fangt he an, de Ernst vun`t Leven. Keene Ahnung, wat he dormit meent hett, aver de ersten Daag in de School weern nich schön. Unsen Hoff leeg ganz alleen achter de Autobahn, in Kinnergaarn weer ik nich, un ik harr wenig Erfahrung mit anner Gören. De quaken rüm un lachen un spelen un schubsen un allens, aver so richtig „Ernst vun`t Leven“ weern se nich. Nah een poor Daag harr ik mi doran wöhnt, un allens weer okay. Bit op Helge, de weer in de Klass över mi un keek ümmer so böös.
Nah de ersten veer Johren in de Grundschool keem ik nah Plön in`t Gymnasium, un Vadder sä: Nu fangt de Ernst vun`t Leven an. Un jo, de School weer groot, dat geev dor mehr Lehrers as in Stolpe Schöler, Hammer, doch an`t End weer dat ok blots een School. Masse

Normolos un een poor Spinner. Allens as överall. Nich ton Dootlachen, aver „Ernst vun`t Leven“? Eher nich, wörr ik seggen.
Nah de School heff ik Landwirtschaft lehrt, un as Vadder mi nah den Lehrbedriev hinföhrt hett, sä he: Nu fangt de Ernst vun`t Leven an, nu aver würklich. Un de ersten Daag weern toog, man denn wörr mi klor: All de annern gaht ok blots kacken. Un as ik dat dacht harr, weer de Ernst vun`t Leven all wedder vörbi.
Ümmer wedder hett Vadder mi seggt, dat nu aver ganz bestimmt de Ernst vun`t Leven anfangt. As ik heiraat. As de Kinner kemen. As ik den Hoff övernöhm. As Vadder krank wörr un sien Doot föhlen kunn.
Klor, nix in`t Leven is eenfach, allens hett sien Tiet, Lachen un Weenen, goode Daag, leege Daag. Jedeen hett sien Last to drägen, aver den Ernst vun`t Leven – ik heff em nich funnen. Ik heff aver ok nich dorna söcht. Un joo, ik mutt ümmer noch lachen. Af un to jedenfalls.

Wat Schönes

As dat sowiet weer, dat mien Öllern nich mehr Auto föhren kunnen, heff ik anfungen, af un to för ehr intoköpen. Un as Vadder doot weer, heff ik faken för Mudder inköfft. Se hett mi denn ümmer lütte Zeddels beschreven, in ehr stiefe Ooltfruunschrift, mit dat, wat ik mitbringen schull. Annerletzt heff ik – Mudder is nu söven Johren doot – een vun düsse Zeddels in`t Plattenregol wedder funnen; ik harr em nich wech schmeten, sünnern opwohrt. Op den Zeddel stünn: „Jagdwurst, Leberwurst, Kräuterkäse Buco, paar Bananen und was Schönes"

Wat Schönes. Dat weer de Grund, worüm ik den Zeddel nich wech schmeten heff. As ik Kind weer, heff ik Mudder ümmer anbeddelt, wenn se inköpen un mi nich mitnehmen wull – wohrschienlich, wiel ik so een nervigen Quarkbüdel weer un in Laden denn unbedingt wat to Naschen oder Speeltüüg hebben wull –

dat se mi wenigstens een beten Söötkroom mitbringen schull. Un de normale Begriff för Söötkrom in uns Familie weer even „wat Schönes“. Mudder wuss natürlich genau, wat ik geern much. Un also weer ik ümmer glücklich, wenn Mudder wat Schönes för mi harr.

Un nu, över veertig Johren later, harr ik een Zeddel in de Hand, op den Mudder „und was Schönes“ schreven harr. Un ik weer ratlos. Wiel ik keen Ahnung harr, wat Mudder dormit meen. Bedüüt dat, ik schull Naschkroom köpen, dormit se ehr Kinner un Enkel wat anbeden kunn, wenn de to Besöök weern? Oder bedüüt dat, ik schull ehr wat mitbringen, Söötkroom, den se geern much, so as se mi Söötkroom, den ik geern much, mitbröcht hett, as ik Kind weer?

Dat Problem: Ik harr keen Schimmer, wat för mien Mudder wat Schönes weer. Se harr ümmer blots de annern in Blick, hett sik dorüm kümmert, wat de geern wullen, un sik ümmer nah achtern stellt. Un se kunn – ok dat kann een seggen – sik blots an wenige Saken freuen. Je öller se wörr, desto weniger Freud weer dor in ehr Leven. Dat weer trurig, un noch truriger funn ik, dat ik Midde Veertig weer un keen Vörstellung harr, wat mien Mudder meen, wenn se wat Schönes wull. Ik stunn in Supermarkt, mit den Zeddel in de Hand, un wüss nich wieder.

Bestimmt heff ik jichtenswat köfft, Pralinen oder so. Ik weet nich mehr, wat dat richtig weer. Un tohuus heff ik den Zeddel in`t Plattenregol leggt. Ik wüss nix dormit antofangen, aver wechschmieten kunn ik em nich. Nu heff ik em wedder funnen un denn an Mudder dacht. Un dat is – un dormit warrt de Geschicht an`t End nu doch noch rund – jo ok wat Schönes.

Wi dräägt un warrt dragen

Üm ehrlich to ween: Ik gah geern op Truerfiern. Nich, dat ik mi freu, wenn een doot blifft, aver wenn een nu mol doot is, denn versöök ik, to de Truerfier to gahn un de letzte Ehr to wiesen. Opmerksam hör ik to, wenn de Truerredner över dat Leven vun düssen doden Minschen schnackt. Gifft jo Truerredners, de sik allerbest dorop verstaht, ok den letzten Stinkstevel mit nette Wöör to beschrieven. Twüschen de Reegen kannst du denn ruthören, wat för een Knall de Doode harr. Dat mookt meist Spoß, un ümmer wedder krigg ik mi bi`t Schmunzeln faat. Erst, wenn denn de Schnack op de Erlöserhand kümmt, de Jesus nu mol utstrecken schall, denn knips ik mi af. Ik glööv dor nich an. Ik kann dor nich an glööven. Ik heff dat versöcht. Hett nich klappt.
Ik denk noch oft an de erste Beerdigung, op de ik weer. Mien Unkel Kalli, de ölltste

Broder vun mien Mudder, weer mit 52 an Buukspiekeldrüsenkrebs nich storven, nee, he weer doran verreckt. Se harrn gor nich mehr versöcht, em to opereeren. Se hebbt em open mookt un glieks wedder to, wiel se sehen kunnen, dat allens to laat weer. Em hebbt se aver nich de Wohrheit seggt. In Gegendeel, se hebbt em anlogen. Allens goot, hebbt se em vertellt, dat warrt wedder. Bit ton Schluss hett he glöövt, he kunn wedder gesund warrn, un all de Lüüd üm em rüm wüssen, dat he doot blieven wörr. Ik weer veerteihn, un mien Öllern hebbt to mi seggt, wenn ik Unkel Kalli nochmol sehen wull, möss ik mitkomen in`t Krankenhuus. He seet op sien Bett, dünn un klapprig, un sä to mien Vadder, de em raseeren möss, wiel he dat sülven nich mehr kunn: Hannes, dat is dat letzte Mol, dat du dat moken musst. Nächst Mol mook ik dat wedder! Nu geiht bargop, dor bün ik mi seker! Un ik seet dorbi, mit Tranen in de Ogen. Dormols harr ik keen Wöör dorför, aver hüüt denk ik: Wi hebbt mien Unkel Kalli de Würde nohmen.

An den Dag, bevör Kalli to Ünnersökung in

de Klinik föhrt is – he harr ümmer so Wehdaag in Buuk – hett he noch sien Rapsacker bestellt. He is ut Krankenhuus nich mehr rutkomen. Söss Wochen nah de Saat stünn de Raps in Reegen, un Kalli sturv. As in`t Fröhjohr de Raps blööd, weer Kalli al söven Maand doot.

Insgesamt weer de Beerdigung Horror för mi. Ik harr vörher keen echte Vörstellung dorvun, wo dat ween kunn. Unvergeten de Ogenblick, as wi – de Truerfamilie – vun achtern nah vörn dörch de Kark gahn sünd, un all de Lüüd – de Kark weer vull – opstünnen, üm to wiesen, dat se Andeel nehmen. Ik weet noch genau, wat för eene Kraft düsse kollektive, stille Geste harr. Aver denn? Mit de Wöör vun den Paster kunn ik nix anfangen. Achteran, as de Holtkist mit mien Unkel dorin daal laten weer, in dat Lock op den Friedhoff, is mien Mudder komplett tosomen broken. Kalli, wi vergeet di nich, reep se mien Unkel to, un meist harr se de Balance verloren un weer in`t Graff fullen. Glieks dornah stünnen wi een beten blöd an de Kant, un een nah den annern kemen de Lüüd, geven uns ehr schweetnatte

Hannen un murmeln wat vun Bileid. De meisten dorvun harr ik vörher noch nie sehen. In de Wochen dornah kreeg Mudder ton ersten Mol in ehr Leven Antidepressiva, aver erstmol güng dat nah de Beerdigung af to Krog. Mi keem dat vör, as wörr dor een Geburtsdag fiert, so utlaten wörr dor sopen un vertellt. Denn keem noch een ole Tant bi mien Mudder an un fröög, wat Kalli de Familie denn ok wat achterloten harr, un ik dach: Schlimm, schlimm, schlimm, düsse bekackten Erwassenen. Jichtenswann hebbt mien Broder, sien Fründin un ik dat nich mehr utholen un sünd spazeern lopen, an de frische Luft. Later, as wi nah Huus föhren, seet ik achter in mien Broders rallyegeelen Ford Escort un heff nahdacht. Wo kunn dat angahn, dat dat stille kollektive Opstahn vun de Truergemeend mi so anröhr, wieldes dat Hannendrücken un dat Sabbeln mi so hohl vörkeem? Ik kunn dat nich verstahn. Ik harr keene Ahnung.
Sietdem bün ik op veele Truerfiern west. Sünd jo ok veele Lüüd doot bleven. Mit de Tiet heff ik sone Aart Routine kregen. Meist weer ik eenfach een Deel vun de Truergemeend, de

still un schwiegsam opsteiht. Dat persönliche Kondoleeren heff ik faken nahlaten, denn ik entsinn mi, wo sik dat anföhlt hett, de schweetigen Hannen, dat leere Gesabbel. Achteran to Krog gah ik aver gern mit. Ik heff verstahn, worüm dat geiht un worüm dat Sinn mookt. Tosomen sitten, truern, sik entsinnen, aver ok eeten un drinken, nah achtern un nah vörn kieken, beides, dat is dat Leven. Oftins gifft dat dor bemerkenswerte Begegnungen, Gespräche ok, in düsse spezielle Sphäre twüschen Truer un Leven. Veele Lüüd sünd dor sensibler as sünst, ernsthafter ok, un manche mookt ehre Harten op.
Truerkultur ännert sik. As Kalli doot bleev, 1982, geev dat eegentlich keen Truerfiern an de Urne. Hüüt is dat normol. Fröher stunn de Sarg vörn in de Kark. In de Regel geev dat söss Drääagers, de em an`t End nah dat Graff to bringen. Bi uns in`t Dörp weer mien Vadder meist een dorvun. Vadder, in Stolp geboren, 1934, in Stolp storven, 2014. Standorttreu, kunn man seggen, vun ersten bit ton letzten Dag. Ut de Kategorie gifft dat nich mehr veele. Un Vadder weer een geselligen Typen

un hett sik för dat Dörp insett. Erst Landjugend. Denn Füerwehr. Rietvereen. Buernverband. CDU. Gemeenderaat. Tweeter Bürgermeister. Bürgermeister. Man kunn seggen, he weer in`t Dörp allerbest involveert. Un man much em gern. Ok deswegen is he ümmer wedder fraagt worrn.
Vadder weer, tosomen mit een poor anner Kerls, vör allem Hermann Wendt un Hans-Adolf Petersen, de ok in de Füerwehr weern, een vun de prädesteneerten Sargdräägers bi Truerfiern in uns Dörp. Dormols weern de Sargdräägers keene betahlten Hiwis vun den Bestatter, nee, dat weern Lüüd ut Dörp, de den dooden Minschen kennt hebbt. Villich weern dat sogor Frünnen to em oder ehr, villich nich de besten Frünnen, de villich to trurig ton Drägen weern, man goode Frünnen, de wüssen, wat de Doode för een Verlust un wat för een Ehre dat weer, Dräger to ween, den Sarg ut de Kark nah den Karkhoff to drägen un em daal to laten, in dat duster Lock. Achteran stünnen düsse söss Kerls denn noch an`t Graff, dree an jede Siet, den Hoot in de Hannen, un keeken daal, still un ernst. Se

weern een goodet Team, Vadder, Hermann, Hans-Adolf un noch een poor annere. Veele Buern dorbi.

Vadder kunn dat würklich goot. He weer de perfekte Sargdrääger. Lütt, flink, mit Knööv in de Arms. Un nich to cool. In`t Gegendeel, Vadder weer dicht an`t Water buut, as man so seggt. Faken harr he Tranen in de Ogen, as he dor stünn, an`t Graff, dicke Droppens lepen em dat Gesicht hindaal, un de Truergemeend dach, de Doode mutt jo een goden Minschen west sien hebben, wenn sogor de Dräägers weent.

Later hett Vadder denn faken vertellt, wo sik de Liek in den Sarg anföhlt hett. An den weer nix mehr an, de hett jo gor nix mehr wogen, dorbi weer dat doch so een staatschen Kerl! Un eenmol sä he över een Buern, de fröh storven is, mit Anfang Föfftig, dat de so schwor west weer, dat wohrschienlich all de Doppelzentner Weeten, de he bi sien Hektarerdrag ümmer dorto logen hett, nu mit em in de Kist legen. All dat , wat Vadder denn sä, weer aver nie böös. Sien Blick op dat Leven un den Doot wüss üm de lütten Schwächen, de de Lüüd so harrn.

De letzte, den Vadder dragen hett, weer sien Fründ Hermann. Dor weer Vadder al schlecht to Foot, un dat Drägen güng nich mehr goot. Nächst Mol draag ik nich mehr, sä Vadder, nächst Mol warr ik dragen.

He hett denn bald opholen, nah Truerfiern to gahn. Ik glööv, dat he föhlen kunn, dat sien egen Doot nich mehr wiet weg weer. Dormols möss ik doran denken, dat ok mien Oma un Opa jichtenswann opholen hebbt, mit de Truerfiern. Gaaht ji man för uns mit, säen se. As wullen se den Doot nich rutfordern, ehr glieks mit to nehmen, nu, wo he al mol dor weer.

Mit Vadders Doot hebbt wi dormols överhaupt nich rekent. Okay, he weer achtzig Johren oolt, un he harr dat mit Hart. Aver em güng dat jeden Dag lieker goot oder schlecht, un wi dachen, dat kunn noch över Johren so wieder gahn. Un denn seten se een goden Dag bi`t Kaffeedrinken, Vadder, Mudder un uns ölltste Dochter Marie. Se weern an`t Schnacken. Vadder güng dat nich goot; he wull nix eeten, un de dree schnacken över Buukweh, över kranke Minschen un kranke Kööh. Marie fröög, wat mien Öllern denn mookt hebbt, fröher, op den Hoff, wenn een Koh nich freten wull, un Vadder sä: Oh, wi hebbt ehr ok mol een Buddel Köm geven... Un mit een Mol kipp he nah de Siet un weer weg. Marie, utbildt bi de Füerwehr, hett forts versöcht, Vadder wedder to beleven, möök Hartmassage, mit de Rettungsleitsteed an`t Telefon, bit de Rettungswagen keem. Denn övernehmen de Rettungssanitäter un hebbt wieder mookt, anderthalv Stünnen lang, veel to lang. In düsse Tiet kemen wi all dor an, de ganze, groote Familie, tosomen ropen vun Marie. Wi seten in de Köök, weern bi Mudder, wieldes se een Stuuv wieder allens versöcht hebbt, üm Vadder to retten. As Vadders Doot denn fast stünn, de Papeere ünnerschreven un wi alleen, hebbt wi den Ruum wesselt un uns to Vadder sett. He leeg op sien Sofa, as möök he Meddagsstünn. Een letzte Meddagsstünn, ut de he nie wedder opwaken wörr.

Wi seten in Kreis. Vadders Warms weer noch in den Ruum. Wi schnacken, truern, weenen, höllen uns an de Hannen, un noch dor, in de Stuuv vun mien Öllern, wuss ik, dat ik nie nich vergeten warr, wo dat weer, vun Vadder Afscheed to nehmen, mit em op dat Sofa. Düsse Stünn, villich weern dat ok twee, düsse Tiet tosomen warrt uns ümmer verbinnen. Jon, unsen jüngsten, weer dörteihn, un natürlich weer he mit dorbi. Wi harrn em ok mitnohmen, wenn he fief oder söven oder negen west weer. De Doot is för alle dor, evenso as dat Leven. De beiden hört tosomen. Mi weer dat all ümmer klor. Dormols, as wi vun Vadder Afscheed nöhmen, dach ik, dat dat, wat dor jüst passeer, twüschen uns, wohrhaftiget Buernleven weer. As Buerngör wasst du mit dat Leven un dat Dootblieven op. Du kiekst nich weg, wenn een Kalv oder een Koh oder een Katt doot blifft. Du kiekst aver ok to, wenn se geboren warrt. Dor, in de Stuuv, bi Vadder, hebbt wi den Doot in Arm nohmen, so, as wi dat Leven in Arm nehmt. Un ik wull nich weg lopen. Ik weer dor, mit all miene Sinnen, ik weer sowat vun dor.

Jichtenswann – wi harrn dat Geföhl, dat weer sowiet – heff ik den Bestatter anropen, un wiel Vadder nich jüst licht weer, heff ik em un sien Mitarbeider holpen, Vadder in`t Auto to drääagen. Nu weer ik also Vadders Drääger, de Drääger vun den Drääger.

Bi Vadders Truerfier weer de Kark in`t Naverdörp nich groot nuch. Etliche Lüüd stunnen buten vör de Dööör un nehmen Andeel. Hebbt uns dragen. Wedder güng mi dat to Hart, as se all opstünnen, still un schwiegsam. Mi scheeten de Tranen in de Ogen, un as vun wiet weg kreeg ik mit, wer all dor weer. Dat alle dor weern. De Frünnen. De Verwandtschapp. De Buers- un de Füerwehrlüüd. Aver ok de politischen Kontrahenten. De Typ, de sünst nirgens hingeiht. Eenfach alle, dat ganze Dörp, vereent in de Truer üm een ut ehre Mitt. Sogor de entfernt verwandte Heizungsbuer weer dor, mit den Vadder sik wegen to hoge Reken vertürnt harr. Sogor vör Gericht weern se west, un nu weer he bi Vadders Truerfier, so as all de annern. He nickköpp mi to; ik nickköpp torüch. Dat he dor weer, hett mi besünners bewegt. Hier güng dat üm mehr as üm Striet twüschen Minschen. Hier güng dat üm Leven un Doot.

Vadders Füerwehrkameraden drääagen Vadders Sarg to den Liekenwagen, de em in`t Krema-

torium föhren schull. Dat füng an to regen, as dat Auto langsam vun den Karkhoff rünner föhr. Een vun de Füerwehrkapell speel „Ich hatt einen Kameraden“ op de Trompete. Wi stunnen dor, blarren un keken Vadder achterran, bit he nich mehr to sehn weer.
Later, bi`t Kaffeedrinken, weer de Saal vun den Krog knackevull, un wi stöten mit Köm op Vadder an. Een Köm to rechte Tiet weer ümmer wichtig för Vadder, un dat Leegste, wat he över een Fest seggen kunn, weer: Wi hebbt dor nich mol een Köm kregen! Un as wi denn dor den Budderkoken un das Kääsbroot eeten, seet mien Mitarbeider bi uns in`t Huus un pass op. Denn een poor Wochen vörher is in een vun de Naverdörper to glieke Tiet, as een olen Buern beerdigt wörr, bi de Kinner in`t Huus inbroken worrn. Ok de schlechten Lüüd, ok de letzten Morslöcker weet, wo wichtig Truerfiern op Dörp sünd. Schlimm.
In de Tiet dornah geev dat mehr Dood in uns Familie. Vadder weer blots de Anfang, in September 2014. In April 2016 sturv mien Broder Udo – he harr Krebs, lange Tiet, aver sien Fru harr dat trech kregen, dat he bi`t

Huus blieven kunn, bit ton Schluss. In Juli 2017 denn weer Mudder an de Reeg, ok Krebs. Jedet Mol drepen wi uns as dormols, bi Vadder, blots ümmer noch een weniger, seten tosomen mit Udo, later mit Mudder, schnacken liesen, drunken Tee, blarren, eeten Koken. Vun Udo op dat Doodenbett hett uns Dochter Nora noch een Portrait tekent. Un wi weern tosomen, ümmer tosomen, un jedet Mol heff ik dacht un föhlt: So schall dat ween; so is dat richtig. Nich gau un fix weg mit den Dooden. Bliev bi eenanner, laat jüm Tiet, bit sik een Geföhl instellt, dat seggt: Nu is goot.

Udo, mien Broder, harr Tiet, sik op den Doot intostellen. Anfang Juni 2014 kreeg he de Krebsdiagnose, un Ende Juni hebbt se em seggt, dat he doran doot blieven wörr. Man kunn wat moken, aver dat wörr blots Tiet bringen, keen Heilung. He hett sik liekers opereeren laten. Un denn hett he sik mit sien Doot beschäftigt. Hett sik een Platz op den Friedhoff utsöcht. Hett sik Musik utwählt, de speelt warrn schull, op de Truerfier. As Udo doot weer, bün ik dorbi west, as Katja, Udos Fru, mit den Bestatter över de Truerfier schnackt hett. Bevör ik los föhrt bün, to düssen Termin, sä Birte, mien Fru, to mi: Du schullst de Truerreed holen. Wer kennt Udo beter as du? Worüm jichtenswen vertellen, wat he seggen schall, un an`t End is dat doch nich goot? Ik weet nich, wat ik dat kann, anter ik. Du kannst dat, sä Birte un nöhm mi in den Arm.

As dat sowiet weer, stünn ik vörn in den grooten Saal vun`t Krematorium un führ de Truergemeend dörch de Truerfier. Ik vertell vun Udos Leven, un ton Deel ok vun mien. Mi weer klor, dat dat schwor warrn kunn, aver ik weer seker: Ik kunn dat schaffen. Blots een Mol is mi de Stimm wegbroken. Erst later, as de Sarg in de Luk verschwunnen weer un ik blangen Birte seet, kunn ik nich mehr. Ik heff blarrt un blarrt, un Birte hett mi opfungen. Un dragen.

In sien Testament harr Udo sik wünscht, dat wi an sien ersten Geburtsdag nah sien Doot een grote Party fiern schullen, betahlt vun sien Geld. Denn eegentlich harr Udo sien föfftigsten Geburtsdag groot fiern wullt, möss dat aver kortfristig afseggen. He wull nahfiern, aver denn keem de Krankheit dortwüschen. Erst hett he överleggt, noch mit to fiern, den Krebs all in`t Liev. Dat güng denn aver doch nich; sien Tostand weer nich stabil nuch. Also hett he beschloten, dat wi ohne em fiern schullen.

An 24.März 2017 weer dat sowiet. An düssen Dag weer he 54 worrn. Sien Weetfru, sien Söhn un ik harrn över hunnertföfftig leeve Minschen inlaadt, to Udos Ehren een grootet Fest to fiern. Natürlich weern dor een poor Lüüd, de düsse Idee abwegig funnen un afseggt hebbt. Aver för över hunnert annere, de komen sünd, geev dat een wunnerboret Fest. Wi danzen un supen un sungen un lachen un geneeten de Nacht. För mi weer klor: Udo, mien Broder, weer dorbi. Ik föhl em in mi. In alle vun uns weer dor een Stück Udo, un wi dräägen em wieder dörch de Welt. Sogor Mudder, de vull Twiefel weer – wat schüllt de Lüüd vun uns denken, wenn wi danzt un lacht, un he is doot? – seet dor op ehren Stohl un kunn nix doon gegen dat Schmustern in ehr Gesicht.

Bald dornah wöör se ok krank, un gau weer klor, dat dat nich lang duern wörr. As se storven weer, bröken wi keen Dräägers. Se is ut Krankenhuus in`t Krematorium bröcht worrn, un de Truerfier weer unmittelbor vör de Urnenbestattung.

Vörher harr Mudder över Wochen een Palliativzimmer in de Klinik; dor weer ok een Schlaapsofa för Lüüd ut de Familie. Een Tietlang hebbt Marie un ik – wi weern Mudder an neegsten – uns afwesselt, bi ehr to schlapen; denn wi wullen nich, dat se alleen is, wenn de Doot kümmt. Unruhig weer Mudder, wöhl sik in`t Bett hin un her un her un hin un wull un wull nich doot blieven, ofschonst de Nachtschwester, de blots ümmer an`t Wochenend Deenst harr, sik all dree mol vun ehr verafscheedt harr: Fru Stührwoldt, wi seht uns jo nich mehr, koomt Se man goot över! Aver an`t nächste Wochenend weer Mudder ümmer noch dor. Erst, as Marie ehr letzte Prüfung bestahn harr un dormit ehr Utbillen to End weer, kunn se endlich los laten. Marie weer jüst in Kiel op de Friesprekungsfier un kreeg ehr Tüügnis, dor weer dat sowiet, un ehr Hart bleev stahn. Marie keem denn direkt vun de Fier, üm mit uns bi Mudder to sitten un Afscheed to nehmen. Wedder seten wi in Kreis, mit een Dooden dorbi. Nu is ok mol goot, dach ik. Un dat ik bi uns in de Familie de nächste in de Reeg weer, mit mien dormols 49 Johren.

Mudders Urne hebbt Marie un ik ut de Kark nah dat Graff dragen. De Bestatter funn dat ungewöhnlich, aver wi wullen dat so. Langsam güngen wi den Paster un den Bestatter achteran, an all de Lüüd in de Kark vörbi. Se stünnen wedder, nöhmen Andeel, jeder för sik un doch all tosomen, un ik kunn föhlen, dat dor een groote Kraft weer, in düssen Ruum, aver ok in mi. De Truer-gemeend keem uns achternah, bit an`t Familiengraff. Ik dach: Dat föhlt sik richtig an, wat wi hier mookt. Wi sünd bisomen. Wi dräägt un warrt dragen.

Draag mi mit di rüm in dien Hart

(Nahdem mien Broder storven weer, heff ik mien ersten Leedtext schreven, in Gedanken an mien Broder un sien Fru. Un mien Kolleeg Achim Schnoor hett een wunnerbore Musik doto mookt. Funktioneert aver ok as Gedicht, find ik.)

Langsam warrt dat duster
un ik koom gau ut de Pust
ik dach ik weer in Middeldeel
doch ik koom nu al ton Schluss

draag mi mit di rüm in dien Hart

wenn du an Morgen opsteihst
un du süchst de rode Sünn
för mi is se al komen
de allerletzte Stünn

draag mi mit di rüm in dien Hart

machmol bit Huus bit Rosenmeihen villich
denkst du an mi un lächelst still

ik wull doch so gern bi di blieven
doch nu tellt nich wat ik will

draag mi mit di rüm in dien Hart

hold mi in Gedanken
nehm mi mit in dien Droom
föhl mi in den Wind üm diene Ohren
un wenn de Winter kümmt
bööt dat Füer an
denn sitt ik blangen di
bün ümmer dor

draag mi mit di rüm in dien Hart

ik bün nu ünnerwegens
de Doot is nich mehr wiet
ik heff di so leev
doch an`t End is nu mien Tiet

draag mi mit di rüm in dien Hart

draag mi mit di rüm in dien Hart

Schwegermudders Waag

Mien Fru un ik, wi hebbt jo keen Waag int Huus. Also jedenfalls keen Personenwaag, blots een för de Köök, de geiht bit fief Kilo, de langt nich ut, un een Hakenwaag in de Deel för, wat weet ik, Kartüffelsäck oder Farken, de geiht bit hunnert, aver dor mach mien Fru sik nich an ophingen, un för mi langt de nich, dat weet ik so. Wenn ik wat Schwores weegen will, kann ik nahn Landhandel föhrn, dor hebbt se een Treckerwaag bit veertig Tonnen, aver wenn mien Fru un ik mol weten wullen, wo schwor wi sünd, hebbt wi uns ümmer bi Schwegermudder wogen, de harr noch sone oldmodsche Waag, de güng bit 150 Kilo, un bevör du di wogen hest, kunnst du mit son Justeerschruuv rümspelen un de Waag ünner Null dreihen, denn weer dien Gewicht naher nich ganz soo schlimm. Aver, wat schall ik seggen, Schwegermudder hett investeert. Se hett de ole Personenwaag wegschmeten un een niede köfft, unbestechlich, digital. As wi annerletzt bi ehr to Besöök weern un mien Fru ut de Baadstuuv trüch keem, weer se ganz witt üm de Nees, un denn sä se: Ik heff jüst op de Waag stahn. Ik eet nie wedder Schokolaad. Ach wat, ik eet gor nix mehr! Un de Rest vun den Dag weer lopen för ehr. Ok een Grund, worüm wi keen Waag in`t Huus hebbt. Son Ding verhagelt di de Stimmung. Dat langt tweemol in`t Johr; dat bruukst du nich jeden Dag.

Ik bün denn ok noch in de Baadstuuv gahn. Dor stünn dat lütte Designobjekt. Ik wull mi jüst ropstellen, dor lees ik: Maximales Benutzergewicht: 100 kg. Dat ik mehr as een Doppelzentner weegen do, weet ik so, also heff ik mich nich op de Waag stellt. Wobi – eegentlich harr ik geern weten, wat de Waag bi mi blots 100 Kilo anzeigt harr oder ERROR! oder wat se kaputt gahn weer, mit mi dorop. As ok ümmer, wat ik aktuell weegen do, weet ik also nich. Mutt ik wohl doch mol nahn Landhandel hin un mi op de Treckerwaag stellen. Veertig Tonnen – dat schull langen!

Standfootballer

Över veertig Johren heff ik aktiv in Vereen Football speelt, aver nu bün ik in de Passivafdeelung wesselt. Ji kennt dat vun de Füerwehr, dor gifft dat ok aktive un passive Mitgleeder. Dat gifft dat bi de Oltliga vun TSV Wankendörp ok, un ik bün nu niet in de Passivafdeelung. Wobi – mien Footballerkollegen hebbt seggt, ik heff dor nix vun markt, man ik weer al de teihn Johren vörher in de Passivafdeelung. Keene Ahnung, wat se mi dormit seggen wullen.

Mi is al ümmer nahseggt worrn, dat ik een Standfootballer weer. To wenig ünnerwegens, to langsam, to fett. Liekers weer ik 1994 Torschüttenkönig in de Kreisliga vun Niemünster. Un dat harr eenen eenzigen Grund: Ik heff richtig stahn. Anners as mien Stürmerkollegen stünn ik dor, wo de Ball hin keem. Se aver weern al lang wieder lopen un nich mehr dor. Heff ik nie verstahn. Worüm lepen se weg?

Eegentlich is dat ganz eenfach. Ik meen, stell di vör, du hest een Klock, de geiht dree Minuten vör. Se geiht aver nie nich richtig, ümmer man blots so ungefähr. Dat weern mien Stürmerkollegen. Nich wiet weg, aver ok nich dor. Aver een Klock, de steiht, is meist total verkehrt, aver twee mol an Dag geiht se, steiht se exakt richtig. Dat weer ik; dat weer mien Geheimrezept as Stürmer. Meist total verkehrt, aver twee Mol an Dag exakt richtig. Wat schall ik seggen? För den Kreisligatorschüttenkönig hett dat langt, un ik heff jedet Mol speelt, ok wenn ik nie nich bi`t Training weer. Dat weer mi ümmer to anstrengend. Ik weet noch, wo vertwiefelt de Trainer mi ankeek. Eegentli möss ik di buten laten, du weerst wedder nich bi`t Training, aver, schiet di wat, du büst ümmer för een Tor goot! För twee, anter ik, för twee! Un heff mi vörn rinstellt un töövt, bit ik richtig stünn, bit de Ball keem.

Töven un stahn, dat kunn ik echt goot, dat kunn ik richtig goot. Ik bün mi seker: Dat kunn ik hüüt noch. Aver geiht nich mehr: Ik bün nu in de Passivafdeelung.

Stolpe un Wankendörp

Stolpe un Wankendörp sünd Naverdörper, un as dat bi Naverdörper so is, kann een wohl seggen, dat de Beziehungsstatus twüschen uns Dörper, naja, nich unkomplizeert is. Nich ümsünst is een populären Drinkspruch in Stolpe: „Ex oder Wankendörper!"
Ik meen, Wankendörp is „ländlicher Zentralort". Se kriegt Städtebuförderung, un de ganze Infrastruktur is in Wankendörp – de nächste Supermarkt, de Bäcker, de Landhandel, dat Amt, de Dokters, de Afthek – allens is in Wankendörp. Se sünd ok mehr dor, 3500 Inwohners, ach, wat schall ik seggen: Se bild sik dor wat op in, un se meent, se sünd wat Beteres. Tscha, un wi Stolper, wi sünd weniger – üm de 1300 – aver wi weet, dat wi de Beteren sünd.
Obgliek dat nie eenfach weer twüschen Stolpe un Wankendörp – se hebbt dat schafft, tosomen een Kark to buen. Se is 1894 fardig

worrn; is noch nich so lang her, dor harr se groten Geburtsdag: 125 Johren. Offiziell heet de Kark „Kirche zu Wankendorf“, aver se hebbt se dormols direkt op de Gemeendegrenz sett; de Mittelgang in de Kark is de Grenz twüschen Stolpe un Wankendörp. Düssen Mittelgang hebbt se dormols extra een beten breeder laten, dormit man dor to Not noch befestigte Grenzanlagen intrecken kunn. Links vun den Mittelgang is de Stolper Siet, rechts dorvun de Wankendörper. In de Kark sünd noch de originolen Karkenbänke; de sünd blots mol överlackeert worrn, aver wenn een genau hinkiekt, süht man, dat op de linken Bänke „Stolpe“ steiht un op de rechten „Wankendorf“. Mien Vadder, Johrgang 1934, hett oftens vertellt, dat, as he jung weer, wenn sik een Stolper in de Kark op de Wankendörper Siet sett harr – oder een Wankendörper op de Stolper Siet – he glieks nah den Gottesdeenst direkt vör de Kark wat op de Schnut kreeg, un twars nich to knapp.

Dat weer to mien Tiet al anners. Ik bün 1983 konfirmeert worrn, över veertig Johren is dat her, un wenn sik dormols een op de verkehrte

Siet sett harr, hett he nich noch op den Karkhoff wat op Muul kregen. Se hebbt em in de Bushaltesteed föfftig Meter wieder opluert; de weer ut Holt. De Paster kunn nich rinkieken; man kunn man brutaler ween.

Aver ok dat is vörbi. De Antagonismus twüschen Stolpe un Wankendörp is weniger worrn un an`t End wohl blots noch Folklore. Weetst joo, Ex oder Wankendörper un so. Middewiel gifft dat sogor Mischehen, stell di dat mol vör, Mischehen twüschen Stolper un Wankendörper! Dat weer fröher undenkbar west. Man för mi is klor: Dat is goot so.

Ik meen, jüst in düsse Tieden, mit all de Kriege un Krisen, de wi hebbt – af un to kunn man jo denken, allens warrt ümmer blots schlechter, un mit allens geiht dat ümmer blots bargdaal. Aver Lüüd kööont sik ännern. Dörper kööont sik ännern. Gesellschaapen kööont sik ännern. Dat gifft Mischehen twüschen Stolper un Wankendörper. Geev de Hoffnung nich op!

Nich vertürnen

Ik meen, ik harr blots een Broder, un de is nu al lang doot, aver för mi weer ümmer klor: Man schall sik nich mit sien Geschwister vertürnen. Un annerletzt erst heff ik een Geschicht hört, de mi nochmol klor mookt hett, wo wohr dat is.
Süh, unsen olen Naver Erich weer een echtet Originol. He segh so individuell ut – man kunn sik knapp vörstellen, dat dat noch een annern Minschen geven schull, de em glieken kunn. Man Erich harr een Tweeschenbroder, Erwin. Ik heff Erwin nich kennen lehrt. Wenn ik Lüüd fraagt heff, wo Erwin utsegh, denn säen se: So as Erich, jüst so as Erich.
Nu harrn sik Erich un Erwin aver vertürnt; över Johrteihnten harrn se keen Kontakt. Erst an ehren achtigsten Geburtsdag hebbt se mol wedder miteenanner schnackt. Erwin harr Erich anropen un to Geburtsdag graleert. Se hebbt een Stünn telefoneert un sik verdragen.

Se harrn sik versproken, se wullen sik bald mol besöken.
Dor is nix mehr nah komen. Se sünd beide vör ehren 81. Geburtsdag storven. Erwin weer de erste, un Erich weer bi de Truerfier in de Kark un seet dor in de tweete Reeg.
Wiel Erwin un Erich so lang vertürnt weern, wüssen veele Navers von Erwin gor nix dorvun, dat he een Tweeschenbroder harr. Un nu güngen se in de Kark to Erwins Truerfier, un denn seet he dor in de tweete Reeg un segh noch recht lebendig ut. Een ole Fru harr so een Schreck kregen; se weer wohl meist in Ohnmacht fullen.
Also: Vertürn di nich mit dien Geschwister, vör allem, wenn du een vun Tweeschens büst. Sonst verfehrt sik de Lüüd op de Truerfier un kriegt womöglich Hartklabastern.

Hilligavend

wi hebbt Hilligavend un
ik bün een goden Buern

all de Dierten kriegt
een Extrawust to Wiehnachten

de Kööh een beten Heu
un nich blots Silo
de Starken un de Kalver warrt
so överdreven instreut
as weer hüüt Kontrolle
oder Besökergrupp

still un liesen
steek ik jedet Peerd een Wöddel to

ik jaag nich mol de Katten weg
nee
ik geev ehr Leckerlies
se köönt dat gor nich glöven un denkt
dat is een Falle

de beiden Köters kriegt
jeder een grooten Kauknoken

de gierige warrt den bescheidenen
den Knoken klauen
sik dorop leggen un ersmol
den eegenen opfreten

so is dat Leven
denk ik
as ik den bescheidenen
sien Knoken trüch hool
wat ik bestimmt dree mol moken mutt

de Höhner schmiet ik
olet Broot hin un
se freut sik as dull un
gackert üm de Wett

ach
eenmol so ween as de Höhner
glücklich un tofreden dormit
wat di hinschmeten warrt

sogor an de Rotten heff ik dacht
ik stell ehr een festlich dekoreerte Schöttel

mit Haverflocken hin
to besünnere Fier vun den Dag
in pink

wi hebbt Hilligavend un
ik bün een goden Buern

Total normol

Hüüt Nacht heff ik dröömt. Un, wat schall ik seggen, dat weer keen Doku-Droom, dat weer eher sone Ort Mystery-Thriller. Dat güng dormit los, dat de Beatles bi mi to Besöök weern, op mien Buernhoff. Un nich blots Paul un Ringo, de noch leven doot, nee, all veer, John, Paul, George un Ringo. In een schwatten VW Käfer keemen se anföhrt. Se sehen ut as, wat weet ik, Ende 1964, Anfang 1965. De Hoor wörren langsam länger, man se harrn noch eenheetliche Saken an, schwatte Büx, wittet Hemd, schwatte Jacketts un dünne, schwatte Krawatten. Ik heff mi tierisch freut, wow, de Beatles op mien Hoff, de gröttste Band överhaupt, Hammer, ik wull ehr jüst een Tee anbeden, aver mit eenmol weern se doot, all veer, leegen stiev op mien Hoff. Ik harr dor nix mit to doon, dat weer eenfach so, man ik weer bang, man wörr mi insparren, wer schull denn mien Kööh versorgen, wenn

ik in Knast bün, in miene Not heff ik de Beatles in de Frontladerschüffel vun mien Trecker packt un ehr ingraavt, an den Afhang to dat Depenauer Moor an`t End vun mien Huuskoppel. Ik weer jüst dorbi, dat Lock wedder to to moken, dor bün ik waken worrn, natt vun Schweet. Dat allens weer also blots een schlechten Droom. Noch ganz dörcheenanner bün ik opstahn.
Mien Fru weer al bi to Fröhstück eten, un ik vertell ehr vun mien Droom. Un denn vertell se mi, wat se dröömt harr. Dat ik mien Kleedagstil total ännert harr, ik harr bestimmt een Fründin, anners weer dat nich to verkloren. So harr ik mi ton Bispeel een quietschgrööne Krokolellerjack köfft, dat pass jo wohl gor nich to mi; dor möss ja wohl een anner Fru in`t Speel ween.
Also glööv dat oder glööv dat nich, man vun nu an heff ik een quietschgrööne Krokolellerjack an, wenn ik de doden Beatles op mien Land verbuddeln do. Aver sonst, un dat will ik an düsse Stell mol dick un root ünnerstrieken, aver sonst bün ik total normol.

Wenn een an di glöövt

Över veertig Johren heff ik in Vereen Football speelt, un de meiste Tiet weer ik Stürmer. Vört Tor kunn ik ieskoolt ween, un ik heff veele Toren schoten. Wat ik aver överhaupt nich kunn, weer Ölbenmeter scheiten. Dor heff ik mi ümmer meist in de Büx scheten, wiel ik bang weer, ik kunn nich drepen.

Dat gifft een Roman, de heet: Die Angst des Tormanns beim Elfmeter. Un al düsse Titel is Quatsch. De Torwart mutt keen Angst hebben, bien Ölbenmeter. He kann blots gewinnen; denn all de Lüüd denkt: Dat Ding mutt rin. De Ölbenmeterschütze mutt Angst hebben. He is de, de utlacht warrt, wenn he nich drepen deit.

In de Jugend möss ik faken Ölbenmeter scheiten, un toerst weer dat eenfach. Wi hebbt vun Anfang an op de groten Tore speelt – 7,32 mol 2,44 Meter – un in de Mitt stünn

son lütten Buttjer. Eegentlich mösst du blots in de Eck scheiten, un dat Ding weer binn. Denn aver hett eenmol een son Minitorwart mien Ölbenmeter holen, un vun dor an weer dat vörbi mit mien Optimismus, mit miene Toversicht, dat ik drepen kunn.
Dat nächst Mol, dat ik Ölbenmeter scheiten schull, weet ik noch ganz genau. Dat weer een Heimspeel, in Wankendörp, op den Jahnplatz. Dat stunn een to een, un de Ölbenmeter kunn entscheidend ween för dat Speel. De Trainer reep, ik schull em scheiten, un mi flattern de Kneen. De Ball leeg dor, op den Ölbenmeterpunkt, un mit eenmol weer dat Tor so lütt un de Torwart so groot. Ik bün anlopen, un denn heff ik sehn, dat de Ball rin güng, boben rechts in Winkel. He bleev in den Bügel, de dat Netz höllt, hingen, un de Torwart, de nu wedder lütt weer, harr Not, em dor rut to kriegen.
Ik weet nich, wo ik dat schafft harr, aver later, veel later hett mi een Fründ vun mien Broder vertellt, de beiden harrn bi`t Speel tokeken, un mien Broder harr seggt: Pass op, Maddi haut dat Ding nu vull in Winkel!

Süh, un so heff ik dat mookt. Eenfach so. Schient also goot to ween, wenn dor een is, de an di glöven deit. Ok wenn du dat nich sülven büst.

Zigaretten

Mien Öllern hebbt nich schmökt, Vadder nich un Mudder ok nich. Liekers harrn wi ümmer Zigaretten in`t Huus. In de Kööк, in`t Kökenschapp, leeg ümmer een Schachtel Lord Extra. Oder Lux. Oder Oorn 23. Meist aver Lord Extra. Besökerzigaretten weern dat, un jeden Dag wörr schmökt bi uns in de Köök. De Melkkutscher, de Postbüdel, de Frünnen vun mien Öllern, de Frünnen vun mien Broder, mien Frünnen – all schmöken se vun uns Zigaretten. Wiel se pleite weern un Schmachter harrn. Oder wiel se jüm ehre eegen Schachteln schonen wullen. Worüm Zigaretten betahlen, wenn man ok ümsünst schmöken kunn? Bit hüüt glööv ik, dat Carola in de fröhen Achtiger Johren blots deshalb wat mit mi anfungen hett, wiel se bi uns frie schmöken harr. Weer dat al Prostitution? Ik meen, weer geil, aver ehre Küsse schmecken eher bitter as sööt, wenn ik mi recht entsinn. Nah Schmök even.

Wat mi annerletzt erst opfullen is: in`t Kökenschapp weer ümmer blots eene Schachtel, un de weer schienbor niemols lerdig. Ik weet, dat Mudder een Fründin harr, de ehr ümmer stangenwies Zigaretten vun de Butterfohrt mitbröcht hett, man ik heff keene Ahnung, wo Mudder düsse Stangen opwohrt hett – wohrschienlich, wiel ik sülm nich schmökt heff un mi Zigaretten nich so wichtig weern. Mien Quantum an Nikotin harr ik locker mit Passivschmöken weg. Weer ik Schmöker west, ik harr seker een goden Dag dat Huus op den Kopp stellt, üm dat Zigarettendepot to finnen. Aver Zigaretten güngen mi an Mors vörbi.

Eens is klor: Een Huus verleert nix. Mien Öllern sünd lang doot. Siet 26 Johren wohnt mien Schatz un ik nu in dat Buernhuus. De Zigaretten aver hebbt wi noch nich funnen. Ik bün mi seker, jichtenswo gifft dat een loset Footbodenbrett, een duppelten Böön, een geheimen Safe, un dor töövt 28 oder 37 oder 59 ole Schachteln Lord Extra dorop, endlich opschmökt to warrn.

Ole Zigaretten – wat dat dor een Markt för

gifft? Jüst so as för ole Breevmarken, för olen Wien oder olen Whiskey? Ut een anner Johrteihnt, een anner Johrhunnert, een anner Johrdusend?

Bün gespannt. Erst mutt ik de Zigaretten finnen, un denn warr ik versöken, ehr to verhökern. Un wenn dat nix warrt... villich roop ik denn mol bi Carola an. Heff ehr lang nich sehn...